via reise tour

Berliner Forsten, Thorsten Wiehle

Auf Försters Wegen

Die **schönsten** Berliner Waldwanderungen

Inhalt

REVIERE IM NORDOSTEN

REVIERE IM SÜDOSTEN

REVIERE IM SÜDWESTEN

REVIERE IM NORDWESTEN

Der Berliner Wald hat rund um die Uhr geöffnet, ... Eintritt frei ... zu jeder Jahreszeit:

- **1840 km Waldwege**
- **278 km markierte Wanderwege**
- **214 km Reitwege**
- **14 Waldspielplätze**
- **19 km Badestrände**
- **12 Hundeauslaufgebiete**
- **13 Wildschaugehege**
- **7 Waldlehrpfade**

Die Berliner Wälder ...

... erstrecken sich über fast 30 000 Hektar, liegen zu 60 Prozent innerhalb der Stadtgrenzen und machen damit fast ein Fünftel der Hauptstadt aus. Berlin gehört damit nicht nur zu den waldreichsten Städten Deutschlands, sondern sogar Europas.

Jede Woche werden etwa 5 Millionen Menschen gezählt, die sich im Wald aufhalten. Trotz dieser hohen Zahl gibt es viele einsame Rückzugsgebiete für die dort heimischen Tiere und Pflanzen. Der Wald hat eben nicht nur Nutz- und Erholungsfunktionen, sondern auch verschiedene Schutzfunktionen. Er ist Klimaanlage, Holzlieferant für unglaublich viele alltägliche Produkte und ein enormer Wasserspeicher. So zum Beispiel für das Berliner Trinkwasser, das zu 80 Prozent aus unseren Wäldern gewonnen wird.

Das ist einer der zahlreichen Gründe, warum wir, die Berliner Forsten, uns so intensiv um den Berliner Wald kümmern und diesen möglichst vor Schäden und Übernutzung schützen – seit über 100 Jahren. Durch unsere ökologische und nachhaltige Forstwirtschaft sichern wir dauerhaft attraktive und vielfältige Erholungswälder. Seit 2002 sind wir daher auch nach den Kriterien des internationalen Forest Stewardship Council (FSC) und des Naturlandverbandes zertifiziert.

Mit diesem Buch möchte ich allen Waldbesuchern eine Auswahl der schönsten Wander- und Radtouren bieten, um ihnen unsere schützenswerten Wälder noch näher zu bringen. Mit den folgenden Tourenvorschlägen können Sie in bekannte und weniger bekannte Waldgebiete eintauchen, um dort in aller Ruhe die Schönheiten der Natur zu genießen und gleichzeitig die Seele baumeln zu lassen.

Die Touren lassen sich dank der Hinweise im Infokasten zu Anfang jedes Ausflugstipps ohne Schwierigkeiten gut kombinieren. Über Berg und Tal, vorbei an Seen, Bächen und Flüssen, durch dichte Wälder und offene Felder führen die Touren in Gebiete, die man in und um Berlin oft nicht erwarten würde.

Achtung!

Die Wanderwege sind meistens unmarkiert. Betreten auf eigene Gefahr.

Trotz aktueller Recherchen können Wege und Markierungen aufgrund der Schnelllebigkeit der Natur abweichen.

Noch mehr Ausflugstipps finden Sie auf der Internetseite der Berliner Forsten: www.forsten.berlin.de

Lassen Sie sich nicht vom Wetter abschrecken! Egal zu welcher Jahreszeit die Touren beschrieben und bebildert sind, ich empfehle Ihnen, manche Wanderungen zu unterschiedlichen Jahreszeiten zu wiederholen. Wanderungen, die im Winter durch bizarre Eisstrukturen beeindrucken, können dies im Sommer zum Beispiel an derselben Stelle durch schöne Badebuchten.

Für dieses Wald-Wanderbuch habe ich die schönsten Touren ausgewählt, die ich in den vergangenen Jahren erwandert, beschrieben, fotografiert und auf Karten markiert habe. Die Ausflüge wurden aufs Neue – auch mit Hilfe von Lesern – abgewandert und vom Verlag aktualisiert. Besonders hilfreich waren die zahlreichen Hinweise von Jürgen Klussmann, der fast alle Touren meiner ersten Bücher „Auf Försters Wegen" erwandert hat. So finden Sie in diesem Buch einzigartige Spaziergänge, Tageswanderungen oder Radtouren – je nach Ihrem Geschmack. Nehmen Sie sich die Zeit und gehen Sie mit offenen Augen auf Wanderschaft durch die einzigartigen Berliner Wälder.

Thorsten Wiehle
Berliner Forsten

GPS-Tracks

Für alle Touren können Sie die GPS-Tracks auf der Homepage des via reise verlags herunterladen. Damit lässt sich die Wegstrecke auf einem Smartphone oder einem anderen GPS-Gerät darstellen. Den Link und eine Kurzanleitung zur Verwendung der Dateien finden Sie bei den Informationen zum Buch: www.viareise.de.

Thorsten Wiehle von den Berliner Forsten erwanderte, beschrieb und fotografierte alle Touren dieses Buches

Reviere im Nordosten

Am nordöstlichen Rand Berlins, wo die Großstadt den Feldern und Wäldern des Barnim weicht, lässt es sich wunderbar wandern – ob auf dem Skulpturenweg zwischen dem Revier Buch und dem Gut Hobrechtsfelde oder am Liepnitzsee. In der Schönower Heide weiden Dam- und Rotwild, und Im Frühjahr und Herbst kann man an den Karower Teichen hunderte Zugvögel beobachten.

Wildblumenwiese nahe des Reviers Ützdorf ▸ Seite 26

Wanderung

Start
Bus 222
Haltestelle Alt-Lübars

Länge
ca. 11 km

Dauer
ca. 4,5 Stunden

Rückfahrt
S-Bhf. Mühlenbeck-Mönchmühle

Lübars – Arkenberge

Von Alt-Lübars nach Arkenberge

Ausgangspunkt dieser Wanderung ist Berlins einziges noch erhaltenes Dorf, Lübars. Diese über 760 Jahre alte Ortschaft mit dem slawischen Namen hat seit über 150 Jahren nicht mehr ihr Aussehen verändert. Der idyllische Charakter des Dorfes fängt noch heute seine Besucher ein.

Die Wanderung startet auf dem Dorfanger ❶ an der **Lübarser Dorfkirche**, die 1793 im klassizistischen Stil (nach Langhans) wieder aufgebaut wurde. Von hier aus geht es in südöstlicher Richtung, also vorbei an der Kirche, bis zum Schildower Weg. Auf diesem Weg geht es hinein in die Ausläufer des Tegeler Fließtals und man folgt dem Barnimer Dörferweg in Richtung Blankenfelde. Kurz nach dem Zusammentreffen mit dem Berliner Mauerweg betritt man das seit 1995 unter Schutz gestellte Naturschutzgebiet **Niedermoorwiesen am Tegeler Fließ**.

Auf dem Schildower Weg durchquert man das Naturschutzgebiet und erreicht nach einiger Zeit die Überquerung der Eisenbahngleise. An der nächsten Abzweigung, an der auch noch

Lübarser Dorfkirche

Der Vorgängerbau aus Fachwerk wurde im Jahre 1790 bei einem Brand zerstört. Der Kanzelaltar wurde von Friedrich Wilhelm I. gestiftet. Ursprünglich stand er erst in der Gertraudenkirche am Spittelmarkt und kam nach dem Abriss der Kirche in den Betsaal des St. Gertraudenstifts in Kreuzberg. Als wiederum der Gertraudenstift umgebaut wurde, ist der Altar 70 Jahre lang auf einem Dachboden vergessen worden. Erst nach der Renovierung der Dorfkirche Lübars 1954 bis 1956 kam der Kanzelaltar wieder ins Gespräch und wurde in der Dorfkirche aufgestellt, wo er heute besichtigt werden kann.

Gasthof
Alter Dorfkrug Lübars
Ausflugsgaststätte und Veranstaltungsort.
Alt-Lübars 8
13469 Berlin
Tel. (0 30) 92 21 02 30
Mi–So 12–22 Uhr
www.gasthof-alter-dorfkrug.de

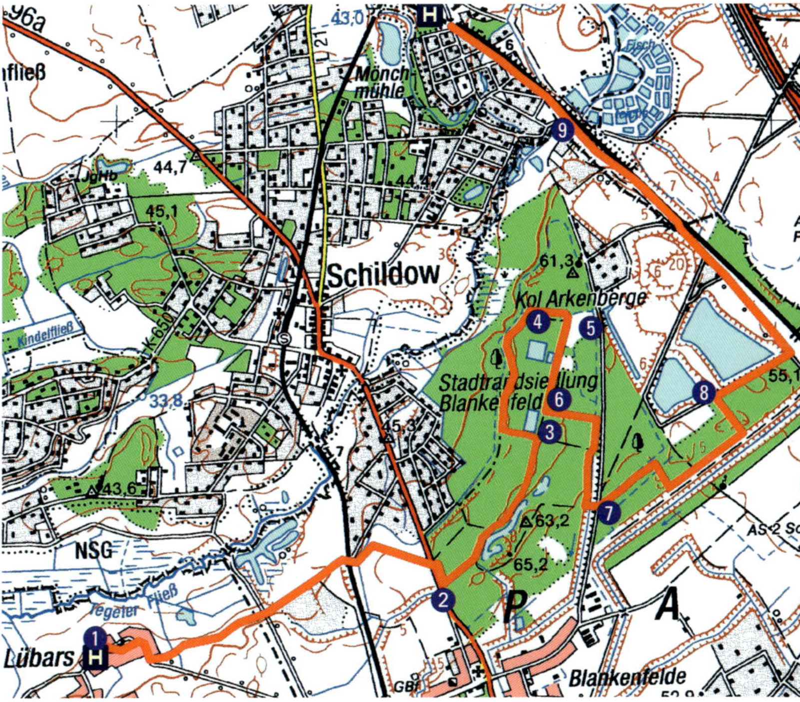

Niedermoorwiesen am Tegeler Fließ

Auf der 57 Hektar großen Fläche sind heute zahlreiche gefährdete und seltene Tier- und Pflanzenarten zu finden. Der in diesem Gebiet liegende Köppchensee entstand durch den intensiven Torfabbau. Dieses Gebiet gehört bereits zum Naturpark Barnim. Durch immer wieder erfolgte Eingriffe von Menschenhand, zum Beispiel Mauerbau und Bau der Niederbarnimer Eisenbahn, wurde dieses Gelände in seinen Strukturen verändert. Heute ist es so bedeutend, dass es Bestandteil des Schutzgebietssystems NATURA 2000 der Europäischen Union geworden ist.

eine inzwischen bewachsene Schranke zu finden ist, geht es weiter auf dem **Barnimer Dörferweg** nach Südosten (rechts). Dem Dörferweg folgend erreicht man die Schildower Straße. Nach der Überquerung geht es ein kurzes Stück parallel nach Süden, bis auf der linken Seite ein durch eine rot-weiße Schranke ❷ markierter Weg nach Osten (links) abgeht. Auf diesem erreicht man den **Schwarzwassersee**.

Schwarzwassersee

Der Schwarzwassersee wird aus den Mühlenbecker Teichen versorgt, führt aber mitunter kaum Wasser. Dafür spielt sein Baumbestand für die Vogelwelt eine große Rolle. Von den 40 Vogelarten, die das ca. 10 Hektar große Gebiet zum Brüten nutzen, sind auch einige vom Aussterben bedrohte Arten dabei. So zum Beispiel Rohrweihe und Beutelmeise.

Ein Stück des Weges geht es links in nördliche Richtung, entlang des Schwarzwassersees, bis zu einem Erholungsbereich mit überdachtem Rastplatz. Dort befindet sich auch ein Kinderspielplatz mit Holzfiguren ❸. Weiter geht es an der Kreuzung nach Westen (links) bis zum **Heidekrautgraben**.

Dorfkirche Alt Lübars

Der Weg endet dort auf einem Weg direkt an der Böschung des Grabens. Dort folgt man nicht dem ausgefahrenen Weg nach Südwesten (links), sondern geht nach Norden (rechts) zwischen dem Graben und einem kleinen Erdwall. Nach einiger Zeit findet man linker Hand ein umfriedetes Naturschutzgebiet. Erst einige Zeit später gelangt man an einen Abzweig nach Osten (rechts) ❹, der an einem Graben verläuft. In diesen Weg zweigt man ab und geht nun direkt auf einen künstlich aufgeschütteten hohen Berg zu. Bei diesem „Berg" handelt es sich um die Bauschuttdeponie **Arkenberge** ❺, die im unteren Bereich bereits wieder begrünt wurde. Werktags kann man als kleine Punkte die dort arbeitenden Planierraupen und

Baggersee an den Arkenbergen

LKWs auf dem „Berg“ beobachten. Nach wenigen Metern biegt der Weg nach Süden ab und quert einen Reitweg. In südlicher Richtung geht es jetzt auf dem gerade verlaufenden Weg bis zu einer Kiefernwaldschonung.

Direkt nach diesem schmalen Waldstreifen 6 biegt man nach Osten (links) ab und stößt schon bald auf einen zugewachsenen Wassergraben an der „Hauptstraße“. Dem Weg neben dem Graben folgt man nun ein gutes Stück, bis auf der anderen Straßenseite ein Parkplatz 7 mit Schranke und überdachtem Tisch zu sehen ist. Hier werden der Graben und die Straße überquert. Hinter einer 50 Zentimeter hohen Umfriedung aus Stöcken führt der Weg weiter nach Nordosten (links).

Auf diesem schmalen Pfad geht es parallel an einem Graben entlang, der jedoch nicht so leicht zu erkennen ist. An der nächsten Möglichkeit zweigt man nach Südosten (rechts) ab. Dieser Verbindungsweg bringt einen zu einem breiten Weg, an dem parallel ein weiterer Reitweg verläuft. Dort führt die Tour weiter nach Nordosten (links) und verläuft zwischen dem Reitweg und einem auf der rechten Seite verlaufenden breiten Graben. Auf der anderen Seite des Grabens befindet sich ein großes Hundeauslaufgebiet.

Ablauf der Mönchmühler Teiche 9

Dieser Weg wird an der zweiten Einmündung wieder nach Nordwesten (links) verlassen. Am Ende dieses neuen Weges läuft man durch einen Zaundurchgang und steht vor dem **Biotopgebiet Arkenberge** 8, in dessen Hintergrund wieder der bereits erwähnte „Berg" zu sehen ist. An der Stelle geht es weiter nach Nordosten (rechts) und nach der Umrundung einiger Betonquader öffnet sich der Blick auf den großen **Baggersee**.

Auf dem Uferweg gelangt man auf die Zufahrtsstraße zur Deponie. Auf dieser muss man nun ein gutes Stück nach Nordwesten (links) laufen, bis man in einer Linkskurve hinter dem „Berg" ein einzeln stehendes Gebäude sieht, dessen Zufahrt mit einem Tor versperrt ist. Hinter diesem Haus führt rechts ein kleiner Trampelpfad direkt an die Bahngleise. Dort verlässt man wieder die breite Straße und folgt nun dem Weg immer am Fuße des Bahndammes der S-Bahn entlang.

Hier kommt man wieder zurück in besiedeltes Gebiet und erreicht hinter dem Ablauf der **Mönchmühler Teiche** 9 die ersten Ausläufer der brandenburgischen Ortschaft **Mönchmühle.** Wie beschrieben, bleibt man stets auf den Wegen direkt am Bahndamm und kommt so an den S-Bahnhof Mühlenbeck-Mönchmühle, wo die ca. 11 Kilometer lange Wanderung ihr Ende findet.

Baggersee

An der Stelle, an der sich heute die Baggerseen befinden, standen früher einmal die 70 Meter hohen Arkenberge. Durch den Bau der Autobahn A 114 wurde der Kies, der an dieser Stelle zu finden war, abgetragen und es entstand der 13 Hektar große Baggersee. Der 450 Meter lange und 350 Meter breite See ist an seiner tiefsten Stelle 6 Meter tief.

Wanderung

Start/Rückfahrt
S-Bhf. Karow

Länge
ca. 6 km

Dauer
ca. 2,5 Stunden

Karower Teiche

Mit den Zugvögeln in das Naturschutzgebiet Karower Teiche

Die etwa 130 Hektar große Fläche der Karower Teiche liegt im Nordosten Berlins und ist über die S-Bahn-Station Karow oder über die Autobahn 114 Abfahrt Bucher Straße leicht zu erreichen. Das 1994 zum Naturschutzgebiet erklärte Gelände ist idealer Rastplatz für Zugvögel und Kinderstube für über 60 Vogelarten.

Die Teiche fanden ihre Entstehung durch das Torfstechen zum Ende des 19. Jahrhunderts und wurden dann für die Fischzucht ausgebaut.

Vom S-Bahnhof Karow erreicht man über die Pankgrafenstraße nach ca. 600 Metern die Bachsenke der Panke ❶. In nordöstlicher Richtung (nach rechts) gelangt man auf dem Pankeweg nach 500 Metern an den Abzweig in das Gebiet

der **Karower Teiche.** Dieser Abzweig nach Nordwesten (links) ❷ befindet sich an einem aus roten Klinkern gemauerten Bacheinlauf.

Schon nach wenigen Metern öffnet sich die Landschaft und man schaut auf die **Gänsewiesen.** Die Freiflächen werden von Zugvögeln auf ihren langen Reisen als Rastplatz genutzt. Um den Vögeln eine ungestörte Ruhepause zu gönnen, wurden diese Wiesen eingezäunt. Vorbei an einer Informationstafel gelangt man auf diesem Weg in das Herzstück der Teiche. Südlich (links) des Weges befindet sich der stark zugewachsene Schilfteich und nördlich (rechts) der **Ententeich.** An der nordwestlichsten Ausdehnung dieser beiden Teiche befindet sich eine **Aussichtsplattform,** von der aus man einen freien Blick auf die Teiche hat. Es lohnt sich, ein gutes Fernglas dabeizuhaben. Nach einer ausgiebigen Pause folgt man dem Weg weiter vorbei an den Weiden- und Inselteichen. Der Weidenteich erstreckt sich südlich (links) des Weges und der Inselteich nördlich (rechts). Der Wanderweg knickt erst nach Süden (links) ab, um wenige Meter weiter wieder nach Westen (rechts) abzuzweigen. Auf der rechten Seite befindet sich erneut ein eingezäuntes Gelände, das ca. 20 Meter vor der Bucher Straße aufhört.

Wanderweg Bucher Straße

Dort, wo der Wanderweg auf die **Bucher Straße** trifft ❸, ist auch ein Parkplatz zu finden, von wo aus die Besucher starten, die mit eigenem Fahrzeug anreisen. Der Wanderweg geht weiter entlang des Zaunes nun in nördliche Richtung. Unterhalb der Bucher Straße vereinigt sich nach einiger Zeit der Dörferweg mit diesem Weg. Immer weiter nach Norden gelangt man auf eine kleine Holzbrücke ❹, die über den **Lietzengraben** führt. Kurz danach führt der Weg in einem Rechtsbogen nach Osten, ein kurzes Stück ne-

Blick über den Ententeich

ben der Autobahn A 10, bis man nach ca. 250 Metern schon wieder den Weg verlässt. Man folgt dem Dörferweg nach Südosten (rechts), bis man erneut an einer Kreuzung auf die **Panke** trifft.

An dieser Kreuzung 5 führt der nördliche (linke) Weg über die Autobahn heraus aus dem Gebiet der Berliner Forsten zum S-Bahnhof Buch (ca. 10 Min. Fußweg). Auf dem Weg über die Brücke erreicht man den Schönerlinder Weg in Karow-Nord und nach Süden (rechts) vorbei an der Schranke geht die Wanderung entlang der Panke weiter. Auf dem **Pankeweg** überquert man erneut den Lietzengraben. Von der kleinen Brücke ist die Mündung des Lietzengrabens in die Panke gut zu sehen. Diesem Weg weiter folgend erreicht der Wanderer nach einiger Zeit die Stelle, an der er das Gebiet der Karower Teiche betreten hat.

Diejenigen, die ihr Fahrzeug auf dem Parkplatz an der Bucher Straße abgestellt haben, zweigen in den nach Westen (rechts) verlaufenden Weg ab. Die weitere Beschreibung zurück zum Parkplatz ist identisch mit der Wegbeschreibung ab 1.

Der Rückweg zur S-Bahn verläuft nun auf dem bekannten Hinweg. Weiter entlang an der Panke nach Südwesten bis zur Pankgrafenstraße und von dort nach Osten (links) bis zum S-Bahnhof Karow.

Wanderung

Start/Rückfahrt
S-Bhf. Buch

Länge
ca. 9,5 km

Dauer
ca. 3 Stunden

Revier Buch

Steine ohne Grenzen

Eine Wanderung über die Bucher Rieselfelder ist einmal eine ganz andere „Waldwanderung". Auf dieser Tour wechselt das Landschaftsbild vom bekannten Hochwald zu einer abwechslungsreichen Freilandfläche mit stets wiederkehrenden Baumgruppen: eine ideale Deckung für Rehwild und andere Tierarten.

Die ehemaligen Rieselfelder werden in mühseliger Kleinarbeit zu einem attraktiven Ausflugsgebiet umgewandelt. Wer sich über diese Arbeit ein Bild machen will und mehr Informationen erhalten möchte, kann sich schon im Vorfeld auf der Internetseite www.berlin.de/senuvk/forsten/hobrechtswald einlesen.

Da es auf dieser Tour keine Möglichkeit der Einkehr gibt, wird empfohlen, eigene Marschverpflegung mitzunehmen. Die Wanderung beginnt am **S-Bahnhof Buch** ❶. In nordwestlicher Richtung erreicht man auf der Wiltbergstraße nach ca. 600 Metern den Zugang in den Wald. Dieser befindet sich einige Meter hinter der Bushaltestelle „Wiltbergstraße" (Natürlich könnte diese Strecke auch mit der dort verkehrenden Buslinie 251 zurückgelegt werden. Aber warum fahren, wenn man doch laufen kann!) Schon nach wenigen Minuten erscheint auf der rechten Seite das Gelände der **Waldschule Bucher Forst** ❷.

Der Wanderweg führt weiter nach Nordosten, bis auf der rechten Seite ein Weg abzweigt, über den man die Trasse der früheren **Feldbahn** erreicht. Über die ehemalige Schmalspurbahn, die von Pferden gezogen wurde, brachte man die Erzeugnisse der Stadtgüter zum Bahnhof Buch. Außer dem schnurgeraden Verlauf des Weges durch den Wald ist vom Gleisbett nichts mehr zu erkennen. Am Ende trifft man auf die Kreuzung Hobrechtsfelder Chaussee/Pölnitzweg ❸. Auf der gegenüberliegenden Seite ist eine Straße zu sehen, die als Sackgasse gekennzeichnet ist. Die-

Waldschule Bucher Forst
Ein Besuch der Waldschule lohnt sich, bedarf aber unbedingt telefonischer Voranmeldung. Ganzjährig interessante Veranstaltungen mit freundlichem und fachkundigem Personal.
Hobrechtsfelder Chaussee 110
13125 Berlin
Tel. (0 30) 94 11 47 33
www.inu-waldschulen.de/ws-bucher-forst-ueber-uns.html

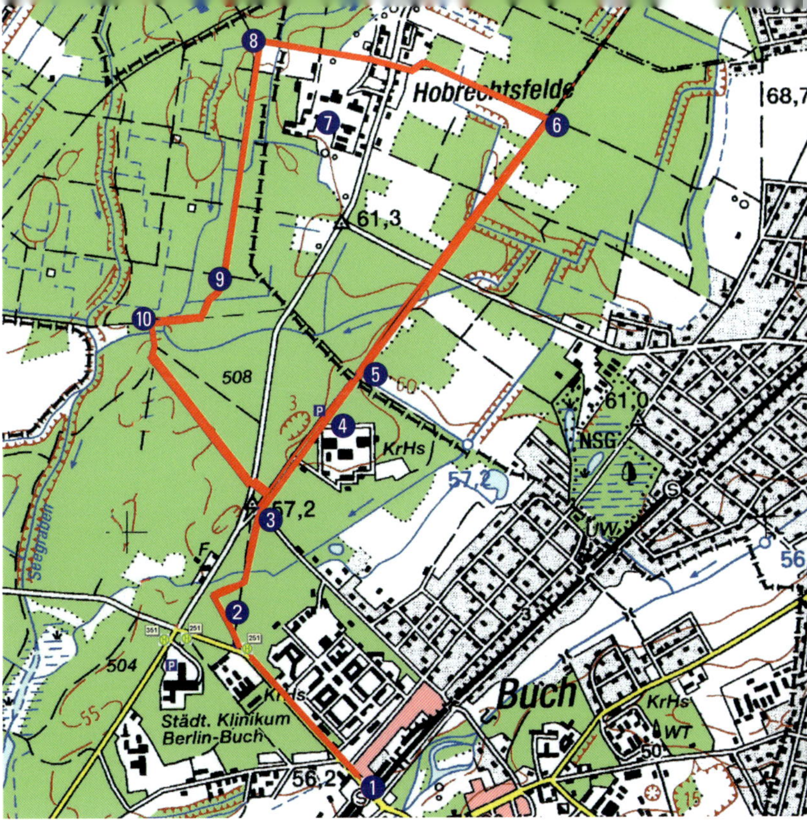

ser Straße ist zu folgen und man erreicht schon bald das Gebiet des **ehemaligen Krankenhauses „Dr. Heim"** ❹, das inzwischen zu einer Wohnsiedlung umgestaltet wurde. Vorbei am Haupteingang führt die Straße schnurgerade und direkt hinein in das Gebiet der Rieselfelder. Hat man die Wohnsiedlung hinter sich gelassen, öffnet sich der Wald und der Blick fällt auf eine etwa 20- bis 30-jährige Blaufichtenschonung. Ab hier ❺ beginnt das Gebiet der **Bucher Rieselfelder.** Dem Weg weiter geradeaus folgend kreuzt man den ein oder anderen geradlinigen Weg. Auf dieser Strecke sind bereits die ersten **Steinskulpturen** zu sehen. Im weiteren Verlauf sind am Wegesrand eine Vielzahl von Skulpturen und Objekten teilweise aus Stein und Holz zu besichtigen („Steine ohne Grenzen"-Ausstellung). An der Kreuzung,

Ehemaliges Krankenhaus „Dr. Heim"

an der ein Wegweiser 6 nach links „Hobrechtsfelde" und nach rechts „Zepernick" anzeigt, geht man nach links in Richtung Hobrechtsfelde. Dort überquert man die Hobrechtsfelder Dorfstraße und geht gegenüber weiter in die Rieselfelder. Nach dem Verlassen des Ortes ist auf der linken Seite der ehemalige **Getreidespeicher** 7 zu sehen. In diesem Speicher wurde das Getreide mit Hilfe eines Fahrstuhles unter das Dach transportiert, von wo aus das Korn über sogenannte Schüttböden nach unten fiel. Durch die entstandene Thermik wurde das Getreide getrocknet. Heute beherbergt der Speicher das **Besucherzentrum Gut Hobrechtsfelde.**

Der Weg stößt auf eine Kreuzung 8, an der die Wegführung für diese Wanderung nach Süden (links) abzweigt. Vorbei an weiteren Skulpturen führt der Weg an Schonungen entlang. Diese größeren Bäume sind aus dem Bestand der Erstaufforstung Mitte der 80er-Jahre, bei der etwa 4 Millionen Pflanzen gesetzt wurden. Nach einiger Zeit verändert der Weg seine Struktur und aus dem schnurgeraden wird ein geschwungener Weg 9, der weiter nach Südwesten (schräg rechts) führt. Ein weiterer Weg geht nach Osten (links) ab. Die Wanderung geht weiter nach Südwesten (schräg rechts), bis der Weg auf einem breiteren endet. Dort wird nach Westen (rechts) abgebogen. Hier ist die Trennung zwischen den Rieselfeldern und dem beginnenden Hochwald noch deutlich zu erkennen.

Ca. 300 Meter weiter trifft man auf einen Wegweiser ⑩ mit fünf Richtungspfeilen (Schönow, Gorin, S-Bahn, Hobrechtsfelde, Schönerlinde) und einer Informationstafel „Alles Zufall?“. An der Kreuzung geht ein schmaler Weg nach Süden (links) in Richtung „Buch und Bogenseekette“ durch ein Tor direkt in den Hochwald hinein. Beim Durchqueren des Tores betritt man eine der zahlreichen Beweidungsflächen. In diesem Gebiet laufen Konik-Ponys und Englische Parkrinder frei herum. Kurz nach dem Tor wird eine Brücke namens **Willis Brücke** überquert. Über diese quert man einen der vielen Bewässerungsgräben. Nun führt der Wanderweg durch ebenso interessanten Hochwald. Nach kurzer Zeit hat man die Beweidungsfläche durchlaufen und verlässt diese durch ein weiteres Tor. Anschließend läuft man in südöstliche Richtung zurück bis zur Hobrechtsfelder Chaussee. Diese wird überquert und auf der anderen Seite schließt sich diese Rundwanderung. Für das letzte Stück zurück wird der gleiche Weg gewählt, auf dem man die Tour begann.

Weitere Informationen zum **Beweidungsprojekt Rieselfelder** findet man auf www.naturimbarnim.de/seite/382348/beweidung.html

Weg auf der Trasse der ehemaligen Feldbahn

Wanderung
Baden

Start
Bhf. Schönerlinde
alle 30 Min.
ab S-Bhf. Karow

Länge
ca. 11 km
bis Schönwalde 15 km

Dauer
ca. 4 Stunden
bis Schönwalde 5 Std.

Rückfahrt
Bus 891 (nur Mo–Fr)
Gorinsee Dorf,
sonst: Bhf. Schönwalde

Bucher Rieselfelder

Aktive Rieselfelder – eine Entdeckungsreise

Eine Wanderung durch aktive Rieselfelder? „Das stinkt doch! Nein danke!" wird der eine oder andere denken. Falsch gedacht. Seit 1985 sind die Zeiten, in denen ein unangenehmer Geruch über die Felder zog, Vergangenheit.

Heute wird die Landschaft durch eine üppige Flora und Fauna geprägt und lädt zu ausgedehnten Spaziergängen und Wanderungen ein. Schon die Anreise ins brandenburgische Schönerlinde mit der **Heidekrautbahn** gibt einem das Gefühl einer kleinen Urlaubsreise.

Der Bahnhof liegt einige Meter außerhalb der Ortschaft. Folgt man der Schönerlinder Bahnhofstraße, wird diese zur Schönerlinder Dorfstraße und führt auf die Berliner Allee. Quer durch den Ort geht es vorbei an der schönen Feldsteinkirche bis zum Abzweig Hobrechtsfelder Weg. Dort wird die Berliner Allee verlassen. Nach einigen hundert Metern verlässt man Schönerlinde und geht auf einem begrünten Weg zwischen weiten Feldlandschaften hindurch. Nach der Überquerung der nächsten Kreuzung wechselt das Landschaftsbild. Nun dominieren hohe Bäume, dichte Vegetation und der eine oder andere Wassergraben das Erscheinungsbild.

Doch kaum hat man die **Rieselfelder** ❶ erreicht, öffnet sich der Blick und man bekommt die Vielfältigkeit dieses Gebietes zu sehen. Weiter des Weges geht es bis zu einer großen Kreuzung ❷, an der ein Wegweiser nach Norden (links) in Richtung Gorinsee weist und ein anderes Schild nach Süden (rechts) in Richtung Hobrechtsfelde. Zu diesem Zeitpunkt bitte nach Süden (rechts) abbiegen. Später kommt man noch einmal an diesem Punkt vorbei. Jetzt aber ist Hobrechtsfelde der nächste Etappenpunkt. Immer wieder sieht man nun links und rechts des Weges Skulpturen aus

Stein und Holz stehen. Diese Kunstwerke wurden in den letzten Jahren von Steinmetzen und Bildhauern gefertigt und können nun auf einem Teilstück der Wanderung bewundert werden.

An der nächsten Gabelung folgt man der Ausschilderung nach Hobrechtsfelde zum **Speicher** ❸. Dazu wählt man den Weg, der nach Osten (links) abgeht. Nach einer großen Schranke weiter auf dem ausgewiesenen Weg nach Süden (rechts) Richtung Speicher. Nur wenige Minuten weiter den Weg entlang befindet sich der Wegweiser zum weithin sichtbaren alten Speicher, heute Teil des **Besucherzentrums Gut Hobrechtsfelde**. Über den Hof des Gutes gelangt man zum Speicher, in dem sich das „Besucherzentrum" befindet. Dort ist eine sehr interessante, interaktive Ausstellung über die Entstehung und Entwicklung von Hobrechtsfelde und der Rieselfelder zu bewundern.

Nach diesem Abstecher in das Besucherzentrum Hobrechtsfelde geht es auf dem gleichen Weg, auf dem man den Speicher erreicht hat, wieder zurück auf den Skulpturenweg.

Besucherzentrum Gut Hobrechtsfelde
Sa/So 10–18 Uhr
Informationen und aktuelle Angebote des Besucherzentrums unter:
www.machmalgruen.de/sehen-und-erleben/besucherzentrum-und-gut-hobrechtsfelde

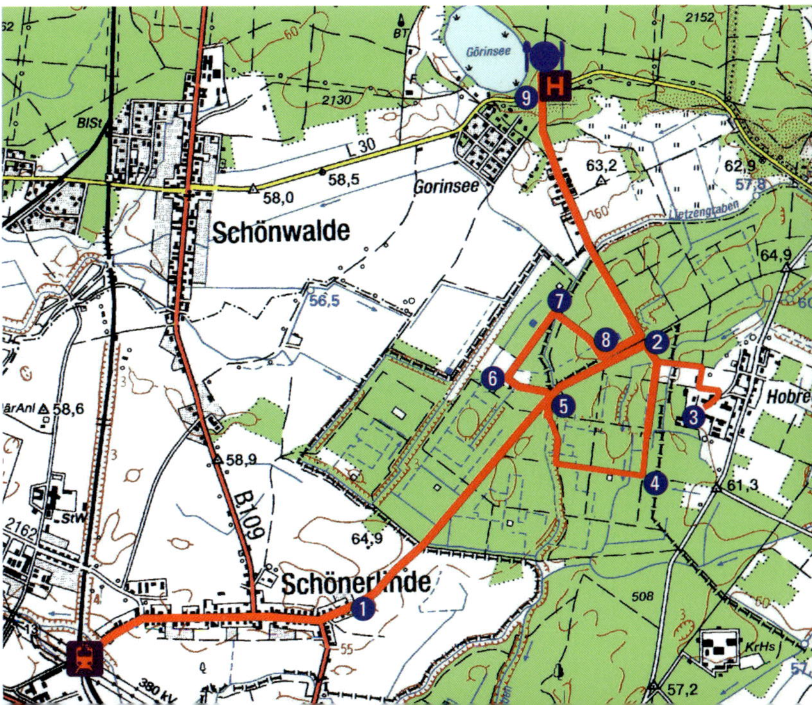

Wegweiser zum Besucherzentrum und der leider geschlossene Kletterpark

Steht man wieder an der Gabelung, an der der erste Hinweis auf den Speicher zu finden war, folgt man dem breiten Weg Richtung Buch nach Süden (links) und kann weitere Skulpturen betrachten.

Erst an einem Abzweig, an dem eine verwitterte **Skulptur aus Sandstein** ❹ steht, wird der Weg nach Westen (rechts) verlassen. Diese Skulptur wurde von der Künstlerin Elke Albers geschaffen und trägt den Namen „Unter Sandstein". Zusätzlich findet man an diesem Abzweig auch einen hölzernen Wegweiser nach „Schönow, Zepernick und S-Bahn Buch".

Weiter des Weges befindet sich rechter Hand der **kleine Reinigungsteich**. Man kann von einem kleinen Wall, der hinter dem Teich liegt, direkt auf ihn sehen. (Nicht immer ist auch Wasser im Teich.) Die Wanderung geht weiter bis zur südwestlichen Ecke des Teiches. Dort steht, ebenfalls auf dem Wall, eine Informationstafel über die Rieselfelder und die heutige Aufgabe des kleinen

Reinigungsteiches. Am Fuße dieses Walls ist eine weitere Kreuzung. Hier folgt man weiterhin dem Weg nach Westen, bis man an ein mit Weidezaun eingezäuntes Gebiet kommt.

Dort betritt man das Gelände durch ein Tor und folgt dem Weg. Nun durchläuft man ein Gebiet, auf dem in einem Projekt die Rieselfeldlandschaft beweidet wird. Auf 825 Hektar können sich Konik-Ponys und Englische Parkrinder frei bewegen. Mit etwas Glück können auf dieser Wanderung die Tiere beobachtet werden. Auch zu diesem Projekt kann man sich entweder vorher im Internet oder auf einer der zahlreichen Informationstafeln, die überall auf dem großen Areal zu finden sind, informieren.

In diesem Gebiet wird als nächstes ein Wassergraben überquert, der den Namen **Lietzengraben** trägt. Auf der anderen Seite des Grabens gabelt sich der Weg nach Südwesten (links), geradeaus und nach Norden (rechts). Auf dem geschotterten Weg nach Norden (rechts) ❺ geht es weiter parallel zum Wassergraben.

Der wildromantische, teilweise zugewachsene Weg stößt nach einiger Zeit, nachdem das eingezäunte Gebiet wieder verlassen wurde, auf einen breiteren Weg. Dem aufmerksamen Wanderer wird der Weg bereits bekannt vorkommen. Es ist wieder der „Alte Bernauer Heerweg“. Also bitte nur den Weg kreuzen und weiter dem Graben folgen.

Nach einer lang gezogenen Linkskurve gelangt man in den Bereich des **großen Reinigungsteiches** ❻. Einfach dem Weg bis zur nächsten großen Kreuzung folgen und schon befindet man sich direkt an den Teichen.

Steinskulpturen stehen am Wanderweg

Am kleinen Reinigungsteich

Von dem kleinen Aussichtspunkt direkt auf dem Hügel hat man einen hübschen Blick. Ach ja, und wie war das noch mit dem Stinken in den Rieselfeldern?!

Weiter geht es nun in nordöstliche Richtung (rechts). Erneut wird eine beweidete Fläche durch ein Tor betreten. Nach einiger Zeit knickt der Weg nach Südosten (rechts) ab ❼ und man überquert ein weiteres Mal den Lietzengraben und folgt weiter dem Weg. Schon geht es wieder zurück auf den „Alten Bernauer Heerweg“ ❽, an dem die Beweidungsfläche wieder verlassen wird.

Von dort folgt man dem Heerweg erneut nach Nordosten (links), bis man wieder die Kreuzung in Richtung Gorinsee erreicht hat ❷. Diesmal geht es jedoch nicht nach Hobrechtsfelde, sondern in Richtung Gorinsee (links). Wieder schnurgerade zieht sich dieser Weg durch die Landschaft. Erneut wird der Lietzengraben überquert. Nach ca. einem Kilometer verlässt man die Bucher Rieselfelder und streift die Ortschaft **Gorinsee**. Nach weiteren 700 Metern auf der Hobrechtsfelder Straße gelangt man an den Bernauer Damm 9 und damit an das Ende der Wanderung. Von dort fährt der Bus Montag bis Freitag in Richtung S-Bahnhof Zepernick oder in Richtung Bahnhof Schönwalde, wo man mit der Heidekrautbahn zurück nach Berlin fahren kann.

Da die Busse auf dieser Linie nicht allzu häufig verkehren, kann man die Zeit am Gorinsee auch bei sehr gutem Essen und Erfrischungen im Gasthaus „Am Gorinsee“ (mit Biergarten) überbrücken. Oder aber man sucht bei warmem Wetter die Erfrischung im Nass des Gorinsees.

Auf jeden Fall sollte man sich vorher erkundigen, wann die Busse fahren. Und am Wochenende heißt es sowieso: Wanderung durch den Wald zum Bahnhof Schönwalde (ca. 4 Kilometer).

Gasthaus Am Gorinsee
Diese gemütliche Wirtschaft mit großem Wintergarten bietet auch Wildspezialitäten aus den Wäldern der Berliner Forsten. Schöner Biergarten, Gästezimmer.
Am Gorinsee 1
16348 Wandlitz-Schönwalde
Tel. (01 72) 1 58 88 95
www.gasthaus-gorinsee.de
Di–So 12–20 Uhr

Gasthaus am Gorinsee

Wanderung
Radtour

Start
Bhf. Wandlitzsee

Länge
17 km

Dauer
6 Stunden (Wanderung)

Rückfahrt
S-Bhf. Bernau

Revier Ützdorf

Waldbegegnung zwischen Wandlitz und Bernau

Der Bahnhof Wandlitzsee ist der Startpunkt für diesen Ausflug. Und das ist kein Zufall, denn in dieser schönen Region gibt es viel zu erwandern und zu sehen. Die Tour kann auch mit dem Rad gemacht werden, jedoch können die Wald- und Sandwege wetterbedingt manchmal etwas schwierig zu befahren sein.

Gleich am südlichen Ende des Bahnsteiges geht man über einen kleinen Bahnübergang und erreicht die Ruhlsdorfer Straße. Hier geht es nach Süden (rechts), bis man auf den Lanker Weg stößt. Dort steht der erste **Wegweiser nach Ützdorf,** wo dem Lanker Weg nach Osten (links) gefolgt und langsam die Ortschaft verlassen wird. Nach etwa 1 Kilometer biegt man nach rechts in den Liepnitzweg ein. Auf diesem geht es dann, vorbei an einer Schranke, endlich hinein in den Wald. Bei heißen Temperaturen fühlt man nun die angenehme kühle und klare Luft des Waldes. Der Waldweg endet am Ufer des **Liepnitzsees** (1), der mit seinem klaren Wasser beeindruckt.

Auf der anderen Uferseite ist das seit 1992 für die Öffentlichkeit zugängliche **Waldbad** zu sehen. Direkt am Ufer folgt man dem Weg nach Süden (rechts) um den See herum. Auf dem schmalen Weg

Liepnitzsee

Der Liepnitzsee hat eine maximale Tiefe von 16 Metern. Sichtweiten von bis zu 6 Metern Tiefe sind keine Seltenheit. Er gehört zum Wandlitzer Seengebiet. Dennoch sind die beiden großen Seen Wandlitzsee und Liepnitzsee nicht miteinander verbunden. Auch das Wasser der beiden Seen hat einen völlig anderen Verlauf. Während das Wasser des Wandlitzsees über die Havel in die Nordsee fließt, sucht sich das Wasser des Liepnitzsees den Weg über die Oder in die Ostsee. Der Grund dafür liegt in der geologischen Beschaffenheit der Landschaft. Genau zwischen den bei-

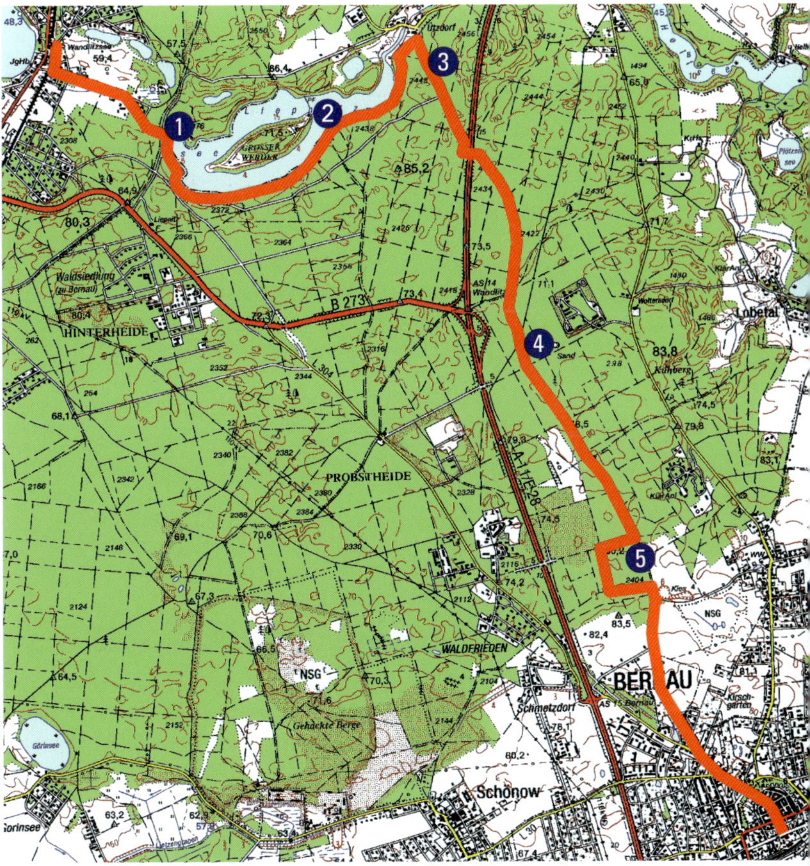

den Seen befindet sich die mitteleuropäische Hauptwasserscheide. Diese verläuft von der tschechischen Grenze bis nach Dänemark, von Südosten nach Nordwesten quer durchs Land. Dadurch fließen alle deutschen Gewässer westlich der Wasserscheide über die großen Flüsse in die Nordsee und alle deutschen Gewässer östlich der Wasserscheide über die Oder in die Ostsee. Ausgenommen sind die südlichen Gewässer, die in die Donau fließen, denn die Donau endet im Schwarzen Meer.

Dickste Kiefer im Revier Ützdorf

durch einen schönen Mischwald gibt es immer wieder malerische Ausblicke zur **Insel Großer Werder.** Der Uferweg führt durch eine der zahlreichen Referenzflächen der Berliner Forsten.

Diese Flächen sind überall in den Berliner Wäldern zu finden. Sie stehen im Zusammenhang mit der FSC-Zertifizierung (Forest Stewardship Council) und Naturland. Es müssen bestimmte Auflagen erfüllt werden, die eine nachhaltige Waldbewirtschaftung gewährleisten (mehr Information ▸ Seite 65).

Am südöstlichen Ufer des Sees erreicht man die **Fähre,** die die Besucher auf die Insel oder an das nördliche Seeufer bringt. Die Fähre ist das einzige zugelassene motorgetriebene Fahrzeug auf dem See ❷.

Ausflugslokal Insulaner Klause
Liepnitzsee/Großer Werder
Am Liepnitzsee 3
16348 Wandlitz
Tel. (01 72) 3 60 97 75
www.liepnitzinsel.de/insulaner.php
Apr.–Okt. Fr–So, Juni/Juli/Aug. tgl. von 10 Uhr bis eine Stunde vor Sonnenuntergang

Auf der 34 Hektar großen Insel, die seit 1914 der Stadt Berlin gehört, befindet sich das Ausflugslokal „Insulaner Klause“. Von Ostern bis Ende Oktober kann man am Wochenende unter alten Linden und Kastanien eine gute Brotzeit im Lokal genießen.

Die Wanderung geht weiter auf dem Uferweg. Schon nach wenigen Metern kann man direkt am

Ufer eine stattliche Kiefer bewundern. Dies ist die **dickste Kiefer des Reviers Ützdorf.** Nach einiger Zeit führt der Uferpfad weg vom See, hinein in den Wald, und endet später auf einem querenden Weg.

Links oder rechts? Das hängt davon ab, was man möchte. Ist der Wunsch nach einer Stärkung groß, weil man nicht mit der Fähre zur „Insulaner Klause" gefahren ist, dann kann an dieser Stelle zum Restaurant „Jägerheim" in Ützdorf nach links abgebogen werden. Ist keine Stärkung gewünscht, weil man selbst an alles gedacht hat, so geht es weiter nach Süden (rechts) in Richtung Bernau. Schon wenige Minuten später erreicht man die **WaldBegegnung** ❸.

Die „WaldBegegnung" wurde im Juni 2008 von Berliner Waldarbeitern als Begegnungsstätte erbaut. In beeindruckender Art wurde dort aus Robinien, Douglasien und Eichen ein kleines bauliches Kunstwerk geschaffen.

Bei einer Rast auf den überdachten Sitzmöglichkeiten wird man viel Interessantes an der Bauweise entdecken. An einem Infopunkt, der durch einen

Restaurant & Hotel Jägerheim Ützdorf
Wandlitzer Straße 12
16348 Wandlitz-Lanke
Tel. (03 33 97) 75 30
www.jaegerheim-uetzdorf.de
Tgl. 11.30–21 Uhr (witterungsbedingt flexibel)

WaldBegegnung

2 Meter großen Bären sofort ins Auge fällt, stehen zusätzlich Informationen rund um den Wald. Häufig kann man auch direkt neben der „WaldBegegnung" eine Rotte junger Wildschweine beim Spielen beobachten.

Nach der Pause läuft man weiter auf dem Weg nach Südosten. Bemerkenswert sind in diesem Waldabschnitt besonders die alten Kiefern in Verbindung mit den dazwischen wachsenden Buchen. Die Autobahn A 11 wird über eine **Brücke** überquert und nach wenigen Minuten wandert man an einem Wegweiser vorbei, der nach Osten (links) auf die Ortschaft Lanke verweist. Dort hat man ungefähr die Hälfte der Wanderung hinter sich und der Wegweiser prognostiziert, dass es weitere 8,8 Kilometer bis zum Bahnhof in Bernau sein sollen. Frischen Mutes geht es weiter nach Südosten. Einige Wegkreuzungen weiter steht der nächste Wegweiser. Dort sind es dann nur noch 7,1 Kilometer bis zum Ziel und nach Lobetal 3 Kilometer ❹.

Aktiver Kiesabbau im Revier Ützdorf

Doch das Ziel dieser Wanderung heißt Bahnhof Bernau. Nach 2,4 Kilometern wird die Strecke durch einen weiteren Wegweiser umgeleitet. Denn dort steht man am Rande einer gewaltigen **Sand- und Kiesgrube** ❺, in der noch aktiv abgebaut wird. Deshalb geht man ca. 200 Meter nach Westen und biegt an der nächsten Kreuzung mit Wegweiser nach Süden (links) ab. Von dort sollen es nur noch 4,4 Kilometer bis zum Bahnhof sein. Auf dem Waldweg wird eine Schranke passiert, um direkt dahinter nach Osten (links) zu gehen. Nach ca. 200 Metern steht man auf der anderen Seite der Grube und hat den eigentlichen Wanderweg wieder erreicht.

Nach Süden (rechts), vorbei an der Einfahrt des Sand- und Kieswerkes, läuft man auf dem schmaleren der beiden möglichen Wege weiter. Es ist sogar ein **Wegweiser vorhanden, gut versteckt** zwischen dem Grün der wachsenden

Der versteckte Wegweiser nach Bernau

Sträucher steht er dort und wird kaum beachtet. Wer sich immer nach Süden orientiert, wird sich auf diesem Weg nicht verlaufen. Und so kommt der Punkt, an dem in der Ferne bereits die Kirchturmspitze von Bernau zu erkennen ist. Auf dem Weg zwischen den Feldern erreicht man den Klosterfelder Weg in **Bernau.**

Auf diesem geht es bis zur Oranienburger Straße. Dem Wegweiser zum Bahnhof wird nach Osten (links) gefolgt und vorbei an einem Kreisverkehr erreicht man das alte Zentrum von Bernau. An der gegenüberliegenden Einbahnstraße befindet sich auf der linken Seite auch ein großer gezeichneter **Plan der Altstadt.** Wer die Wahl hat, hat die Qual. Der Wanderer muss sich nun entscheiden, ob er zum Bahnhof durch die Altstadt oder lieber in einem leichten Bogen durch den Stadtpark laufen möchte. Egal, für welche Route man sich entscheidet, der Bahnhof befindet sich am südlichen Rand der Altstadt und ist nicht zu verfehlen. Vom **Bahnhof Bernau** kann die Rückfahrt entweder mit der S-Bahn oder auch mit der Regionalbahn angetreten werden.

Radtour
Wanderung

Start/Rückfahrt
Bhf. Rüdnitz

Länge
18 km

Dauer
2,5 Stunden
(Radtour)

Kombinierbar mit
Revier Albertshof
▸ Seite 38
Biesenthaler Becken
▸ Seite 44

Willmersdorfer Heide

Eine Hüttentour in die Willmersdorfer Heide

Die abwechslungsreiche Tour durch die Willmersdorfer Heide startet am Bahnhof Rüdnitz. Dieser Bahnhof hat den Vorteil, dass er gerade noch zum Tarifgebiet C des Berliner ÖPNV gehört. Wenn man nicht zu den ausdauernden Wanderern zählt und einen die teils sandigen Pfade nicht schrecken, plant man diesen Ausflug am besten als Radtour.

In Fahrtrichtung verlässt man den Bahnhof und fährt dann erst einmal nach Südosten (rechts) – und 40 Meter weiter ein zweites Mal nach rechts. Dem beschrankten Weg folgt man nach Südwesten entlang eines rechter Hand liegenden Gemüsefeldes. Hier ein kleiner Tipp: Das Wegstück wird von **wilden Pflaumenbäumen** gesäumt. Sollte die Tour erst im Spätsommer gemacht werden, können die Früchte schon zum ersten Stopp verführen.

Wo das Gemüsefeld endet, zweigt ein versteckter Pfad nach links ab. Hier biegt man vorbei an einem Schild mit der Aufschrift „Waldweg" nach Südosten in den Wald ein ❶ und fährt ca. 250 Meter bis

Die Feldbahn

Die Gleise der Feldbahn wurden in diesem Gebiet weitverzweigt angelegt und führten allesamt von den Feldern nach Albertshof. Und das nur aus einem Grund: Früher befand sich in Albertshof eine große Abdeckerei, in der Tierkadaver vernichtet oder weiterverarbeitet wurden. Die Feldbahntrasse führte an dieser Stelle in Richtung Westen (rechts), unter der Fernbahntrasse hindurch. Die Brücke, über die die Züge von und nach Berlin fuhren, trug den Namen Bullerbrücke. Das ging auf das bullernde Geräusch zurück, das entstand, wenn die Züge die Brücke überquerten. Später wurde diese Unterführung aber zugeschüttet.

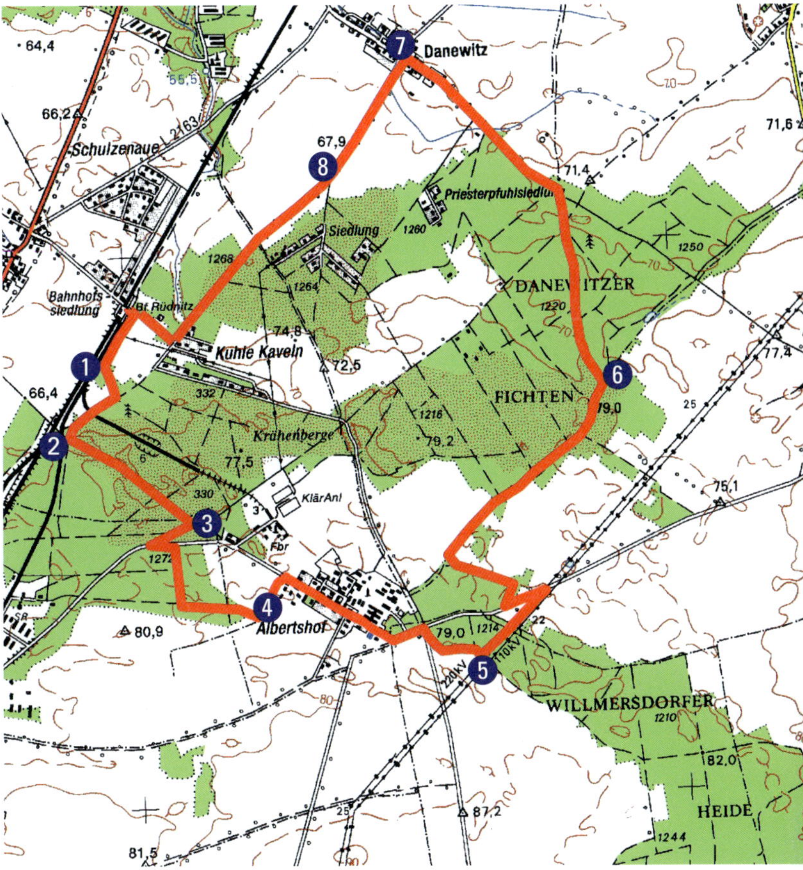

zum nächsten kreuzenden, breiten Weg. Hier geht es nach Südwesten (rechts). Der Weg endet wieder auf einem querenden Weg. An dieser Stelle befand sich früher das Gleisbett der **Feldbahn**.

Der Weg führt an der Stelle nur in Richtung Osten (links) weiter 2. Kurze Zeit später erreicht man den ersten **Rastplatz, ein Blockhaus,** das dort von engagierten Waldarbeitern der Berliner Forsten als Schutzhütte für Waldbesucher errichtet wurde. Es lohnt sich, die Handwerkskunst genauer zu betrachten. Im original kanadischen Blockhausstil wurde die Hütte 2005 aus ca. 40 Kiefernstämmen gebaut. Jeder Stamm wurde individuell angepasst, sodass

keine Lücken zwischen den massiven Stämmen entstehen konnten. Mit einer speziellen Bearbeitungstechnik wurden die Stämme ohne Schrauben und Nägel verbunden.

Nach einer kleinen Pause geht es auf einem etwas sandigen Wegstück ca. 650 Meter weiter bis zu einer großen Waldkreuzung. Man befindet sich nun mitten auf der historischen **Alten Heerstraße** ❸.

Seit über 800 Jahren gibt es diesen Weg. Der strategische Verbindungsweg führte von Berlin-Spandau über Blankenfelde und Eberswalde Richtung Osten. Auch Napoleon nutzte diesen Weg mit seinen Truppen auf dem Russlandfeldzug.

Dort radelt man jedoch nicht auf den Spuren Napoleons nach Osten bis zur russischen Grenze, sondern nur ein paar Hundert Meter nach Südwesten (rechts) bis zur **Albertshofer Chaussee.** Auf dieser wenig befahrenen Chaussee wird ca. 200 Meter nach Osten (links) gefahren und dort auf der rechten Seite in den nächsten beschrankten Waldweg eingebogen. Um einen nach ca. 100 Meter quer über dem Weg liegenden Baumstamm schiebt man am besten rechtsherum vorbei. Am Ende des Weges stößt man wieder auf einen querenden Weg, der an einem Zaun entlangführt. Hier fährt man in Richtung Osten (links), bis sich nach einer kleinen Rechtskurve der **Blick über die Felder nach Albertshof** öffnet. An der Waldkante wird ein Weg erreicht, der links nach Albertshof und rechts hinaus auf die Felder leitet ❹. Auch dieser Weg war eine Feldbahntrasse. Man hält sich Richtung Osten (links) und erreicht so die Rüsternstraße, die Hauptstraße des Örtchens **Albertshof**. Hier wendet man sich nach rechts, durchquert den Ort und folgt an dessen Ende der abknickenden Vorfahrtsstraße nach links. **Achtung:** Auf dem nun folgenden Teil der Strecke herrscht viel Verkehr und es gibt keinen Fußgänger- und Radweg!

Nach 250 Metern gelangt man an eine Kreuzung. Hier biegt man zunächst nach rechts und dann gleich wieder links auf einen unasphaltierten Feldweg ab. Diesem folgt man, bis man eine Hochspannungstrasse erreicht. Kurz vor der Schneise steht an der Waldkante die nächste **Schutzhütte** ❺.

Dieses auffällige und aufwendig gebaute Kanada-Blockhaus ist ein echter Hingucker. Die Schutzhütte

Foto links: Schutzhütte für Waldwanderer kurz hinter Albertshof

wurde 2008 aus ca. 35 Kiefern gebaut. Die Bauweise ist die gleiche wie bei der ersten Hütte, nur dass sich hier der Künstler deutlich mehr mit dem Detail beschäftigt hat. Alle Verbindungen halten auch hier ohne Schrauben und Nägel. Nur das Dach aus Douglasie wurde verschraubt. Die ganze Konstruktion steht auf haltbaren Robinienpfählen.

Nach einer Pause am Blockhaus wendet man sich wieder zurück auf den Feldweg und folgt ihm weiter nach Südosten (links). Man unterquert die Stromleitungen, um direkt danach erneut in Richtung Nordosten (links) auf einen schmalen Pfad abzuzweigen. Parallel zur **Hochleitung** geht es bis zum nächsten Weg, der nach Nordwesten (links) bis zum Waldrand führt. Hier muss ein Stück nach rechts am Feldrand entlang gefahren oder geschoben werden, bis man den Bernauer Damm erreicht. Auf dem Randstreifen geht es ein kurzes Stück nach links und bald kann man auf der anderen Seite wieder nach rechts in den Wald fahren. Der Weg macht einen Knick nach Westen (links) und führt am Waldrand parallel zu einem Feld bis zum nächsten Feldweg. Auf diesem Weg kommt man in Richtung Nordosten (rechts) an

Hinter Danewitz biegt man von der Straße in eine Kirschallee ab 8

einem von mehreren **Windrädern** vorbei und taucht anschließend wieder in den Wald ein. Nun wird immer nur dem Weg gefolgt, bis ein breiterer Waldweg nach Norden (links) abgeht. Hier steht auch der **Jagenstein** (▸ Seite 71) mit den Nummern 19/56 ❻. Nach einiger Zeit wird eine **rot-weiße Schranke** erreicht. Hat man diese umfahren, kreuzt man wieder die historische Alte Heerstraße. Es geht weiter geradeaus und nach einem leichten Wegeknick nach Nordwesten (links) steuert man auf diesem breiten Weg hinaus aus dem Wald und hinein nach **Danewitz.** Im schönen Ortskern kann man für eine Stärkung einen Abstecher zum **Gasthof „Alter Krug"** machen. Dazu einfach vorfahren bis zur Kirche und nach rechts auf die Dorfstraße einlenken. Nach einigen Metern hat man den Gasthof auf der linken Straßenseite erreicht ❼.

Scheue Rehe auf der Flucht in die Danewitzer Fichten

Die Tour geht am hölzernen Wegweiser im Ortskern weiter. Direkt daneben steht ein gelber Wegweiser zur Priesterpfuhlsiedlung. Auf dieser Straße geht es nach Südwesten (links), zurück in Richtung Bahnhof Rüdnitz. Links und rechts des Weges stehen **alte Kirschbäume,** von denen im Sommer süße Kirschen genascht werden können. Wenn die Straße in einer Linkskurve verläuft, fährt man geradeaus weiter auf dem unbefestigten Weg ❽. Jetzt kann man sich kaum noch verfahren. Denn ab hier geht es immer nach Südwesten, bis man nach ca. 1,5 Kilometern in die Siedlung **Kühle Kaveln** einfährt. Dort nach Nordosten (rechts) in die Bahnhofstraße einbiegen und vorbei an einem Pferdegestüt erreicht man wieder den Bahnhof Rüdnitz.

Gasthof Alter Krug
Biesenthaler Original mit klassischer deutscher Küche.
Dorfstraße 45
16359 Biesenthal,
OT Danewitz
Tel. (0 33 37) 4 51 32 38
Di/Do ab 11 Uhr, Mi/Fr ab 17 Uhr, Sa/So ab 10 Uhr

Wanderung

Start/Rückfahrt
Bhf. Rüdnitz

Länge
13 km

Dauer
4,5 Stunden

Kombinierbar mit
Willmersdorfer Heide
▸ Seite 32
Biesenthaler Becken
▸ Seite 44

Faszinierende Gewitterstimmung

Revier Albertshof

Ein Revier zum Suhlen

Wie die vorangegangene Wanderung startet auch diese Tour durch das Revier Albertshof am Bahnhof Rüdnitz. Der etwa 13 Kilometer lange Rundgang endet auch wieder hier. Ideal, um die Wanderung durchs Biesenthaler Becken anzuschließen (▸ Seite 44).

Mit dem Zug aus Berlin angereist, verlässt man den Bahnsteig in Fahrtrichtung. Auf der Bahnhofstraße wendet man sich nach Südosten (rechts). Nach etwa 40 Metern geht hinter einer rot-weißen Schranke ein Weg nach Südwesten (rechts) ab. Die ersten Meter verlaufen auf der gleichen Strecke wie auf der Wanderung durch die Willmersdorfer Heide (▸ Seite 32). Am Ende eines rechter Hand liegenden Gemüsefeldes führt ein Weg nach Südosten (links) in den Wald. Nun geht es immer geradeaus. Nach etwa 250 Metern wird ein breiter Weg gekreuzt und nach weiteren 750 Metern ist auf der rechten Seite ein etwa 2 Meter **hoher Wall** zu sehen ❶. Das ist die ehemalige Bahntrasse nach Albertshof (Feldbahn ▸ Seite 32).

Wenig später kreuzt der Weg den ehemaligen Bahndamm und endet nach einigen Metern auf einem anderen breiten Weg. Hat man die Schranke passiert, läuft man weiter nach Nordosten (links). 1 Kilometer weiter erreicht man eine **kleine, wenig befahrene Straße** ❷. Auf dieser geht es ca. 600 Meter entlang nach Süden (rechts), bis man zwischen den Feldern und Wiesen links einen Weg abgehen sieht. Dort wird die Straße verlassen und dem Weg am Waldrand bis zum nördlichsten Punkt der Feldwiese gefolgt.

Hier führt ein Schotterweg nach Osten in den Wald hinein. Vorbei an einer Birkenschonung gelangt man schließlich auf einen **querenden Weg** ❸, auf dem es weiter nach Nordwesten (links) geht. Dieses Waldgebiet trägt den Namen **Danewitzer Fichten** und an der nächsten Kreuzung stehen auf der linken Seite einige der großen Namensgeber. Wer den Wald dort genauer betrachtet, kann sehen, wie im Schutz

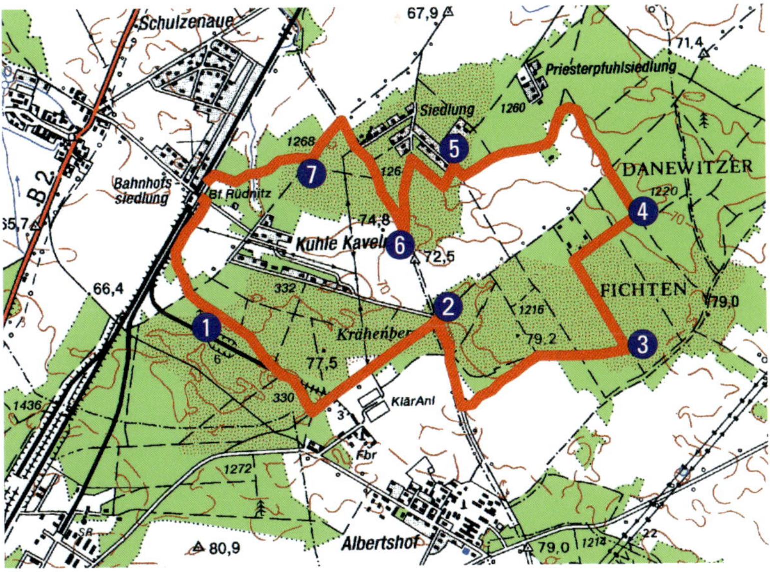

der angrenzenden Kiefern neue Fichten wachsen. An der Kreuzung biegt man nach Nordosten (rechts) ab. Mit etwas Glück kann man auf oder neben der Strecke eine **Wildschweinsuhle** sehen ❹.

Am Ende dieses Weges folgt man dem Weg nach links. Nach einiger Zeit (an einer Schranke) öffnet sich der Blick auf eine **große Wiese.** Am Waldrand entlang nach Nordwesten (geradeaus) verlässt man für kurze Zeit die große Freifläche. Am nächsten Abzweig wandert man in einer lang gezogenen Linkskurve auf einen Weg, der nun am nördlichen Rand der Lichtung entlangführt. Am Ende, wo der Weg entweder hinaus auf die Freifläche führt oder zurück in den Wald hinein, entscheidet man sich für

Wildschweinsuhle

Eine Suhle ist eine Bodensenke, die durch zusammengelaufenes Regenwasser eine große Schlammpfütze bildet. Darin suhlen sich die Wildschweine, um zum einen Parasiten im Fell loszuwerden und zum anderen im Sommer eine angenehme Kühlung zu erhalten.

den Wald. Schon wenige Meter später kommt man zu einer kleinen **Siedlung** ❺. Die Siedlung rechter Hand, geht es nach Südwesten (links) weiter. Der Waldweg biegt bald nach Nordwesten (rechts) ab. Folgt man diesem Weg, läuft man direkt auf eine große **Lachtenkiefer** zu.

Vorbei an der Lachtenkiefer läuft man auf einem schmalen Pfad bis zum nächsten breiteren Weg. In der Mitte des Pfades befindet sich ein **Jagenstein** (▸ Seite 45) mit der Nummer 22. Hier geht es nach Nordwesten (links) bis zur nächsten **Lichtung.** Man folgt dem Weg aber nicht über die Lichtung, sondern zweigt kurz davor im spitzen Winkel nach Nordwesten (rechts) ab ❻. Vorbei an einem Ausläufer der Waldsiedlung erreicht man bald eine neue Lichtung. Der Weg geht nach Westen (links) ab und führt nach einem kurzen Stück am Feldrand wieder in Richtung Südwesten in den Wald. Auf der schnurgeraden Strecke findet man nach einigen Metern einen **Wegweiser,** der unter anderem zum Bahnhof Rüdnitz zeigt ❼. Von dort wird nur noch der **gelben Markierung auf weißem Grund** gefolgt. Zwischen zwei Pferdekoppeln schlängelt sich der schmale Pfad bis zum Bahndamm. Noch ein kurzes Stück nach Südwesten (links) und man steht wieder am Ausgangspunkt der Wanderung.

Lachten

Lachten sind die mit einem Reißhaken zugefügten Risse in einem Baumstamm, die für die Harzgewinnung wichtig sind. Wie man dort sehr gut sehen kann, werden nach dem partiellen Entfernen der Rinde Rinnen im Fischgrätmuster in das Holz der Kiefer gerissen. Der Baum produziert nun mehr Harz, um diese „Wunden" zu versiegeln. Das Harz fließt durch die Rinnen in die Mitte der Lachte und von dort in eine Höhlung. Diese nennt sich Grandel. Von dort gelangt der Harzbalsam in einen Auffangbehälter. Aus diesem Harz wurde Terpentinöl und Kolophonium gewonnen.

Revier Gorin

Wo das Wildtier weidet

Naturschutzgebiet Schönower Heide: Im Jahre 2009 wurde das 443 Hektar große Areal für Spaziergänger und Wanderer attraktiver als zuvor. Das Ganze ist eigentlich nur ein Nebenprodukt ...

Der Rundweg beginnt am Parkplatz und Eingangsportal an der **Schönwalder Chaussee.** Betritt man das Naturschutzgebiet Schönower Heide durch das Portal, folgt man dem Weg bis zur Gabelung. Dort geht es nach Westen (links), bis zum Zaun der Wildtierbeweidungsfläche. Direkt am Zaun steht ein Schild, auf dem noch einmal erklärt wird, wozu diese Fläche dient. Man wendet sich nach Norden (rechts) und läuft dann immer entlang des Zaunes. Die detaillierte Beschreibung des Weges entfällt auf dieser Wanderung, da man auf dem gesamten Rundweg direkt am Zaun entlangläuft.

Wanderung

Start/Rückfahrt
Buslinien 868, 891
Haltestelle Schönow (BAR), Kirche
Bis zum Startpunkt 1 km Fußweg

Länge
6 km

Dauer
2 Stunden

Karte ▸ Seite 43

Muffelwild? Nein! – Rotwild? Nein! – Damwild? Jaaa!

Nach wenigen Schritten sieht man bereits einen hölzernen **Aussichtsturm** ❶. Von diesem kann man weit über die Heidelandschaft blicken. Rechter Hand (östlich) des Turmes befindet sich eine große Senke, die den Tieren in trockenen Jahreszeiten als Tränke dient. Auf dem Weg erreicht man kurz vor der Hälfte des Rundweges einen **überdachten Rastplatz** ❷, von dem aus man nicht nur einen schönen Blick in das eingezäunte Gebiet hat, sondern auch in die andere Richtung über die Freifläche. Ein weiterer Rastplatz befindet sich rechter Hand in der wieder nach Süden führenden zweiten Weghälfte.

Am Ende der 6 Kilometer langen Wanderung verlässt man den Rundweg wieder über den Weg zurück zum Parkplatz. Wer mit dem Bus angereist ist, läuft noch den Kilometer zurück nach Schönow.

Winterspaziergang am Wildgehege

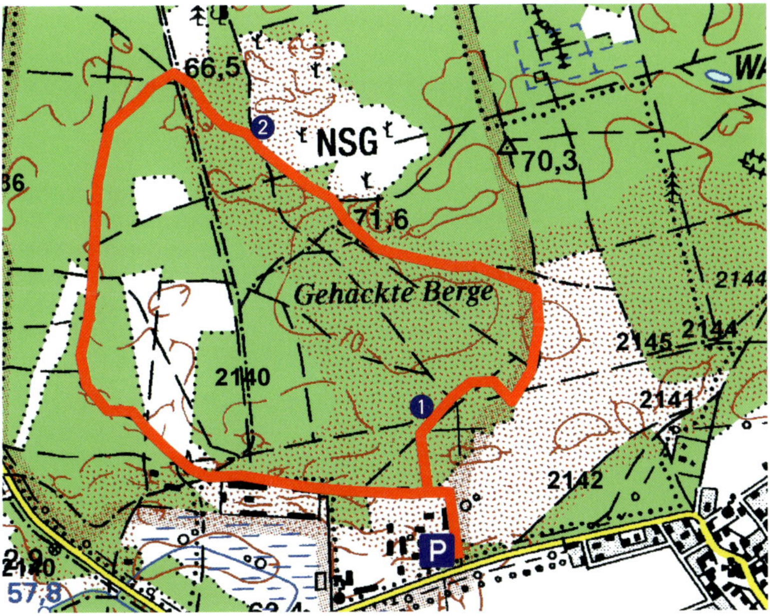

Beweidungsfläche

Um auch weiterhin diese wertvolle Heidelandschaft offen zu halten, wurde in den letzten Jahren das Wildtierbeweidungsprojekt ins Leben gerufen. Ziel war es, auf dieser Fläche Wildtiere anzusiedeln, die durch ihre Nahrungsaufnahme verhindern, dass die Heide zuwächst. Im Juni 2009 wurden zwölf Damwild-, zwölf Muffelwild- und acht Rotwildtiere auf 140 Hektar ausgesetzt. Damit die Wildtiere ihre Aufgabe überhaupt bewältigen können, haben sie im Jahr 2010 Verstärkung bekommen. Durch ein schrittweises Aussetzen der Tiere kann kontrolliert werden, wie viele Tiere für die Fläche verträglich sind. Maximal werden es aber nur 140 Tiere sein, sodass (rechnerisch) jedes Tier 1 Hektar zur Verfügung hat. Um zu verhindern, dass die Tiere abwandern und womöglich an anderer Stelle „arbeiten" gehen, wurde die Fläche eingezäunt.

Auf dem 6 Kilometer langen Rundweg entlang des Zaunes lassen sich immer wieder interessante Dinge entdecken. Wer glaubt, dass die scheuen Tiere versteckt im Inneren der Fläche stehen, irrt sich. Die Tiere sind sehr gut und oft auch direkt am Zaun zu beobachten. Es lohnt sich, viel Zeit, ein Fernglas und den Fotoapparat mitzunehmen. Wichtig ist nur, dass die Besucher nicht vergessen, warum die Tiere dort sind. Deshalb hier noch einmal die Bitte, die Tiere nicht zu füttern, da sie sonst die Heidefläche nicht freifressen. Die vom Aussterben bedrohten Vogelarten wie zum Beispiel der Brachpieper und das Schwarzkehlchen sowie andere seltene Tierarten können nur in dieser Heidelandschaft überleben.

Wanderung

Start
Bhf. Rüdnitz

Länge
13 km

Dauer
4,5 Stunden

Rückfahrt
Lanke,
Haltestelle Küsterfleck
mit Bus 890

Kombinierbar mit
Willmersdorfer Heide
▸ Seite 32
Revier Albertshof
▸ Seite 38

Streifzug am Biesenthaler Becken

Bahnhof Rüdnitz: Vor den Toren der Ortschaft liegt der Bahnsteig. Die Wanderung am Biesenthaler Becken führt an herrlichen Kornfeldern und Waldstücken vorbei. Eine alte Schmiede lädt zum Rasten ein und später kann man sich aussuchen, in welchem der beiden Seen man ein Bad nehmen möchte.

Das 1999 als Naturschutzgebiet ausgewiesene Biesenthaler Becken ist eingebettet zwischen den Ortschaften Biesenthal, Lanke, Lobetal und Rüdnitz. 990 Hektar groß ist das Gebiet. Es entstand in der Eiszeit als Gletscherzungenbecken.

Doch zunächst verlässt man den **Bahnsteig 1** über den Ausgang und überquert auf dem angrenzenden Bahnübergang die Schienen in Richtung Westen (links). Schon nach wenigen Metern führt wieder links ein Weg direkt am Feldrand, parallel zu den Bahngleisen, nach Südwesten. Man läuft nun bis zum Waldrand. Dort geht es nach Nordwesten, bis man die **Bernauer Straße** erreicht hat ❶. Wieder links (im spitzen Winkel) läuft man ca. 400 Meter auf der Bernauer Straße nach Südwesten. An der nächsten Möglichkeit verlässt man die Straße nach rechts über den Sandweg, der direkt am Waldrand nach Südwesten führt. An der Stelle, wo der Weg in den Wald geht, wendet man sich nach Nordwesten (rechts) und läuft an der **Waldkante** weiter, bis der nächste Weg links den Wanderer direkt in den Wald führt ❷.

Nach dem Durchwandern der kleinen Waldzunge geht es über die offenen Felder weiter. Nach der Pferdekoppel überquert man eine wenig befahrene Straße. Auf der anderen Straßenseite taucht man wieder in den Wald ein und wandert auf einem schattigen Waldweg immer geradeaus in Richtung Osten bis zu einem **Hochsitz.** An diesem vorbei geht es bis zur nächsten Wegkreuzung. Dort nach Norden (rechts) abbiegen und weiter bis zum **betonierten Weg** laufen ❸. Auf diesem kreuzenden

Weg geht es ein kurzes Stück nach Osten (rechts), direkt auf ein großes **Windrad** zu.

Gleich an der nächsten Kreuzung verlässt man den Betonweg wieder und zweigt nach Norden (links) ab. Durch abwechslungsreiche Waldstrukturen geht die Wanderung immer nach Norden. Nach einer leichten Anhöhe biegt der Weg nach Nordosten (rechts) ab und endet auf einem anderen Weg. An dieser Stelle ist ein **Jagenstein** mit den Nummern 82/83 zu sehen ❹. Auch hier weiter nach Nordosten laufen. Der Weg zweigt nach einiger Zeit links ab

Jagen(stein)

Jagen sind forstliche Flächeneinheiten, die zur Planung, Kontrolle und Orientierung genutzt werden. Häufig sind sie durch nummerierte Grenzsteine (Jagenstein) gekennzeichnet.

Barnimer Busgesellschaft
Buslinie 890 ab Lanke Küsterfleck nach S-Bhf. Bernau

Auskunft unter:
Tel. (0 33 34) 23 50 03
Aktuelle Fahrpläne unter:
www.bbg-eberswalde.de/index.php/fahrplan
Stand: April 2020

und führt aus dem Wald hinaus über zwei Felder auf eine kleine Straße. Auf dem Kirschbergweg gelangt man in Richtung Norden (links) nach **Lobetal** 5.

Die Wanderung geht weiter hinein ins Lobetaler Zentrum bis zur großen Grünanlage im Herzen des Ortes. Dort können im Minimarkt verbrauchte Wandervorräte wieder aufgefüllt werden. Das Zentrum wird an der Grünanlage auf der Bodelschwinghstraße in Richtung Osten (rechts) verlassen. Die Straße trägt übrigens den Namen des Begründers von Lobetal: Pastor Friedrich von Bodelschwingh.

Auf der Hauptstraße geht es bis zum Bethelweg, in den man nach Norden (links) einbiegt. Das Ende der Straße ist nach wenigen Metern erreicht, aber damit längst nicht das Ende der Wanderung. Denn Lobetal hat nur wenige Minuten entfernt noch eine weitere Attraktion in den heißen Sommermonaten zu bieten. Doch zunächst geht es am Ende der Straße weiter auf einem grünen Weg, der durch ein Zauntor auf einen Waldweg führt. Diesen immer bergab (links) gelaufen, liegt die Attraktion vor einem: der **Mechesee.** Die schöne Badebucht lädt an heißen Tagen mit dem kühlen Nass zum Baden ein 6.

Im Juni und Juli tanzt hinter Rüdnitz das Getreide im Wind

Lobetal

Lobetal wurde 1906 als Erweiterung der Berliner Arbeiterkolonie für Obdachlose gegründet. 1905 zunächst in Rüdnitz erbaut, musste die Kolonie ein Jahr später zu Lobetal vergrößert werden. Aus der Stätte für Obdachlose ist heute durch die „Hoffnungstaler Stiftung Lobetal" eine parkähnliche und gepflegte Ortschaft für ältere, behinderte und betreuungsbedürftige Menschen geworden. In den Jahren nach 1989 wurden die Infrastrukturen des gesamten Ortes modernisiert und behindertengerecht ausgebaut. Die **Alte Schmiede,** die 1926 gebaut wurde, war bis 1996 in Betrieb. Nach anschließenden aufwendigen Sanierungen ist sie in neuem Glanze 1999 als Bürgerbüro, Bibliothek und Touristentreff neu eröffnet worden. Ein Besuch lohnt sich und wer möchte, kann in dem dort befindlichen Café bei Kaffee, Kuchen und kalten Getränken die historischen Werkzeuge des Schmiedehandwerks bewundern oder sich über die Geschichte Lobetals informieren. Sollte die Schmiede noch geschlossen sein, gibt es hinter dem Haus die Möglichkeit, die rustikalen, überdachten Pausenplätze zu nutzen und den Proviant aus dem eigenen Rucksack zu genießen.

Alte Schmiede Lobetal
An der Schmiede 2
16321 Bernau
Tel. (0 33 38) 6 64 35
Mo–Fr 15–17 Uhr,
Sa/So 14–17 Uhr

Die Alte Schmiede in Lobetal lädt zur Rast ein

Wegweiser nach Lanke

Nach der Überquerung des kleinen Sandstrandes kommt man an einem Platz vorbei, auf dem eine Kiefer mit interessantem Wuchs steht. Die Wanderung geht nach Osten (links), ein kleines Stück parallel zum See. Am nächsten Abzweig steht ein großer Wegweiser. Auf diesem steht auch das nächste Ziel: Hellsee/Hellmühle 3,6 Kilometer. Der Hellsee ist das Tagesziel und so braucht man erst einmal nur der **roten Markierung auf weißem Grund** zu folgen. Der weitere Weg schlängelt sich durch den Wald und bietet immer wieder schöne Ausblicke über die Felder. Immer der Markierung nach kommt man bis zu einem Abzweig, an dem es nach Westen (links) abgeht. In der Mitte dieser Kreuzung steht ein **Wegweiser.** Geradeaus ist die Hellmühle ausgeschildert und nach Westen (links) der Hinweis auf die Ortschaft Lanke in 2,9 Kilometern. Ab dort folgt man nun der Markierung **grüner Punkt auf weißem Grund** nach Lanke ❼. Man befindet sich am südlichsten Punkt des Rundweges um den Hellsee.

Die Tour führt schon bald hinaus auf eine **freie Wiese,** auf der ein Schild den Weg nach Norden (rechts) weist. Nach kurzer Zeit kommt man nach dem Passieren einer Schranke zurück in den Schatten des Waldes. An der nächsten Weggabelung links gehen. (Nicht dem Weg rechts folgen, der in ein Naturschutzgebiet führt.)

Schon bald steht man wieder am Rande eines großen Feldes, das von dichtem Wald umgeben ist. Das Feld wird, direkt an der Waldkante, erst in Richtung Westen und dann in Richtung Norden umrundet. Hat man die nordwestliche Ecke des Feldes erreicht, führt der kleine markierte Weg nach Nordosten hinunter zum **Hellsee** ❽. Auf dem Uferweg kommt man nun am östlichen Ufer des Hellsees bis nach Lanke. Auf den letzten Metern, vom Uferweg bis zur Lanker Dorfstraße, bitte immer links bergauf halten, damit man nicht versehentlich den Abzweig nach Lanke verpasst. Denn dann würde der Weg noch einmal um den gesamten Hellsee führen.

Hat man die Dorfstraße erreicht, ist ca. 100 Meter weiter bergab das Restaurant und die Pension „Bellevue“ zu sehen. Im Restaurant gibt es viele schmackhafte ungarische Spezialitäten. Bei schönem Wetter kann auch der Gastgarten genutzt werden. Wer die Wanderung zu einer Zwei-Tages-Tour ausbauen möchte, kann dort in der Pension übernachten und am nächsten Tag eine der weiteren, kombinierbaren Touren anschließen.

Diejenigen, die direkt wieder zurück nach Hause wollen, können von der **Bushaltestelle Küsterfleck,** die ca. 150 Meter bergauf liegt, von Montag bis Freitag stündlich mit dem Bus 890 nach Bernau fahren (am Wochenende bitte vorausplanen: Der Bus fährt nur alle zwei Stunden!). Von Bernau hat man wieder Anschluss an die S- und Regionalbahn.

Restaurant & Pension Bellevue
Regionale Köstlichkeiten der Saison sowie ungarische Spezialitäten.
Lanker Dorfstraße 17
16348 Wandlitz Lanke
Tel. (0 33 37) 45 09 34
www.bellevue-lanke.de
Mi–Mo 11.30–19 Uhr

Am Hellsee

Reviere im Südosten

Ein Forstgebiet mitten in der Stadt? Das gibt's im Plänterwald. Und der Müggelsee hält nicht nur Badefreuden bereit, sondern entlang seiner Ufer auch zahlreiche schöne Wanderziele. In Grünau streift man durch märchenhafte Wälder und eine faszinierende Moorlandschaft. Hügelig wird es auf dem Weg zum Müggelturm und im Revier Teufelssee wartet Berlins höchster Berg.

Spitzahorn wächst auch im Plänterwald ▸ Seite 52

Wanderung

Start
S-Bhf. Baumschulenweg

Länge
ca. 6 km

Dauer
ca. 2 Stunden

Rückfahrt
S-Bhf. Treptower Park

Plänterwald

Vom Plentern und Planschen

Der Plänterwald: 89 Hektar Wald mitten in der Stadt und doch so ruhig und vielfältig.

Die Wanderung beginnt am S-Bahnhof Baumschulenweg. In nordöstlicher Richtung wird einfach der Baumschulenstraße gefolgt. Nach der Überquerung der Köpenicker Landstraße endet die Straße nach ca. 400 Metern an der Spree. Kurz vor der Wendeschleife geht es links auf einem breiten asphaltierten Weg, der Kiehnwerderallee ❶, in den **Plänterwald**.

Der Kiehnwerderallee wird einige Meter gefolgt, bis auf der östlichen Seite (rechts) ein weiterer Weg zum Fähranleger der BVG-Fähre F11 abgeht. Auf diesem geht man an das Spreeufer und läuft nun nach Norden entlang der Spree. Nach einem Kilometer befindet man sich ungefähr auf der Höhe der **Spreeinsel Bullenbruch** ❷, die vor der anderen Uferseite zu sehen ist. Die Bäume zwischen dem Uferweg und der Spree sind teilweise nummeriert. Erreicht man den Baum mit der Nummer „A 539", befindet man sich direkt an

Plänterwald

Der Plänterwald liegt im gleichnamigen Ortsteil des Bezirkes Treptow-Köpenick und wurde 1760 am Spreeufer angelegt. Der Name Plänterwald ist abgeleitet vom Plenterwald. Ein Plenterwald zeichnet sich durch die Bewirtschaftungsart des Plenterns aus. „Plentern" bedeutet die Entnahme von einzelnen Bäumen, um in den entstandenen Lücken Schatten ertragenden Baumarten wie der Buche die Möglichkeit zur natürlichen Verjüngung zu geben.
1876 wurde der Plänterwald dann nicht mehr nur ausschließlich forstwirtschaftlich genutzt, sondern auf nordwestlicher Seite durch den Treptower Park als Naherholungsgebiet ergänzt.

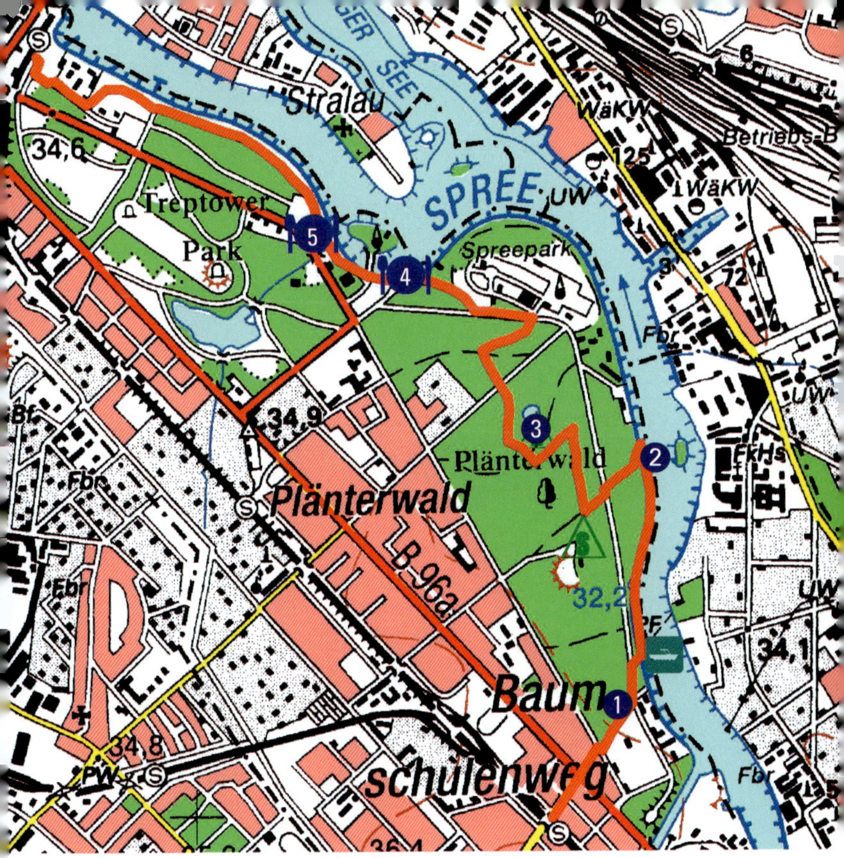

einem Abzweig zurück in den Wald. Auf diesem nach Südwesten (links) abknickenden Pfad durchquert man, je nach Jahreszeit, grüne, duftende Wunderlauchfelder (nur im Frühjahr). Dieser Pfad führt erneut zurück auf die Kiehnwerderallee. Die wird jedoch nur überquert und leicht nach links versetzt folgt man dem Weg zwischen zwei Holzpfählen hindurch. Dies ist die verlängerte Eichbuschallee. Schon nach wenigen Metern kommt man auf einen kleinen Spielplatz mit einem Schutzpilz. Direkt neben dem Schutzpilz (rechts) geht es weiter auf einem schmalen Weg wieder nach Norden durch einen jungen Buchenbestand bis zu einer Weggabelung an einem liegenden großen Buchenstamm, umgeben von einer Bruchholzsammlung. Hier zweigt man nach Südwesten ab, in den Weg scharf links an dem alten Baum-

Bunte Ruinen des Vergnügens: am Spreepark

stamm vorbei. Rechter Hand sieht man nach einer Weile die Anlage der Waldschule Plänterwald und des Wirtschaftshofes vom Forstamt Köpenick durchs Geäst schimmern. Als Orientierung für den weiteren Verlauf ist es gut zu wissen, dass dieses Gelände ab dort weiträumig umgangen wird. Das heißt, man sieht auf der rechten Seite immer wieder das Gebäude der Waldschule.

Auf diesem Weg läuft man geradewegs auf eine kleine Lichtung zu. Nach einem Rechtsschwenk in nordwestliche Richtung geht es weiter über einige querende Wege, bis unser Weg leicht rechts abknickend in einen breiteren übergeht. Dieser verläuft schnurgerade bis zum Dammweg. Unterwegs steht rechter Hand ein Schild zur **Waldschule Plänterwald.**

Waldschule Plänterwald
Wer sich für die Arbeit der Waldschule rund um die Berliner Wälder interessiert, kann sich hier nach vorheriger telefonischer Anmeldung informieren.
Dammweg 1b
12437 Berlin
Tel. (0 30) 53 00 09 70
www.inu-waldschulen.de/ws-plaenterwald-ueber-uns.html

Direkt neben der Waldschule ❸ befindet sich auch die sogenannte **Plansche.** Die Plansche ist ein **Wasserspielplatz,** der im Sommer sehr gern besucht wird. Neben einem großen, flachen Wasserbecken findet man dort auch einen Spielplatz.

Der befahrbare Dammweg wird nur überquert und es geht auf der anderen Seite weiter in Richtung Norden. Schon nach wenigen Minuten trifft man auf einen breiten gepflasterten Weg. Das ist der Zubringer zum **Spreepark**. Dem Weg folgt man nach Osten (rechts) bis zu den Toren des ehemaligen Vergnügungsparks.

Die Tour führt nun entlang des Zaunes nach Westen (links) bis zur Promenade an der Spree.

Spreepark

Der Spreepark wurde 1992 eröffnet und bis 2001 betrieben – der Betreiber ging pleite. Hier liefen zahlreiche Fahrgeschäfte und viele Attraktionen wurden gezeigt. Bereits vor 1992 war der Ort als Vergnügungspark bekannt. 1969 wurde hier der Kulturpark Berlin gegründet und war damals schon beliebter Ausflugsort. Vor der Maueröffnung zählte der Kulturpark Berlin jährlich 1,5 Mio. Besucher. Nach vielen vergeblichen Versuchen, neue Investoren für den Park zu finden, wird das Gelände seit 2016 von der landeseigenen Grün Berlin GmbH verwaltet, die es als einen Kultur- und Erholungspark wiederherstellen möchte. Bis dahin ist der Zutritt nur im Rahmen von Führungen möglich.

Hinter dem hohen Zaun des Spreeparkgeländes sind noch vereinzelt Reste der Häuser und Fahrgeschäfte zu sehen.

Am Spreeufer angekommen verlässt man (linksherum) den Berliner Wald und wechselt über die Bulgarische Straße in den **Treptower Park.** Hier liegt auch das Restaurantschiff „Klipper" ❹ vor Anker. Im Hintergrund sieht man die lange gebogene Abteibrücke. Durch ein kleines Tor kann man direkt unter der Brücke hindurchgehen. Sie verbindet das Berliner Festland mit der **Insel der Jugend.** Ein Abstecher auf die Insel ist ohne

Restaurantschiff Klipper
Dieser alte Frachtensegler hat hier 2001 dauerhaft festgemacht. Mit Sonnendeck und großer Terrasse.
Bulgarische Straße
12435 Berlin
Tel. (0 30) 53 21 64 90
www.klipper-berlin.de
Tgl. 10–1 Uhr

Führungen durch den früheren Spreepark
Die Grün Berlin GmbH veranstaltet regelmäßig Führungen durch das Gelände.
Erwachsene 5 Euro,
Kinder 3 Euro
Tel. (0 30) 28 01 83 20
gruen-berlin.de/spreepark

Restaurantschiff Klipper

Zweifel lohnenswert. Weiter entlang am Spreeufer streift man den Biergarten des Hauses Zenner. Der momentan leider geschlossene „Zenner“ ❺ zählt zu den ältesten Traditionslokalen Berlins und soll bald wieder neu eröffnen. Schon Mitte des vorigen Jahrhunderts war der Zenner mit seinem Biergarten ein beliebtes Ausflugsziel. Das damalige Motto „hier können Familien selber Kaffee kochen“ lockte viele Berliner in den Biergarten.

Nach einer ausgiebigen Pause wird die letzte Tagesetappe in Angriff genommen. Von dort kann man in aller Ruhe weiter in Richtung Nordwesten durch den Treptower Park laufen. Dabei spielt es auch keine Rolle, ob man direkt weiter auf der Uferpromenade läuft oder vorbei an der großen Wiese im Park. In der Ferne ist bereits der „Treptower“ zu sehen, ein großes Hochhaus einer Versicherungsagentur. Nördlich des Treptower Parks, und damit auch am Ende der Wanderung, befindet sich ein großer Anleger für Fahrgastschiffe, von dem aus man nun per Boot in die Berliner Innenstadt fahren kann. Wer nicht mit dem Schiff zurückfahren will oder kann, hat die Möglichkeit, von dort mit den öffentlichen Verkehrsmitteln diese schöne Wanderung zu beenden.

Spreeblick vom Plänterwald

Müggelsee

Unterwegs an Müggelsee und Mühlenfließ

Die Tour führt am Ufer des Müggelsees entlang nach Rahnsdorf. Dabei durchquert man ein Feuchtgebiet und kommt an einem Stausee vorbei.

Der Spaziergang startet an der Straßenbahnhaltestelle Fürstenwalder Damm der Linie 61 ❶. In südlicher Richtung und nach Überquerung des Müggelseedammes erreicht man schnell das Ufer des Müggelsees. Die folgenden ca. 900 Meter schlängeln sich entlang der Wasserkante mit einem schönen Blick der Sonne entgegen über den **Müggelsee** (▸ Seite 111). Am Strandbad Müggelsee kann man sich entscheiden, ob man die nächsten 800 Meter durch das Strandbadgelände am Wasser entlang oder außerhalb entlang des Zaunes auf einem breiten, befestigten Bürgersteig zurücklegen möchte. In beiden Fällen hat man weiterhin einen schönen Blick über das Strandbad auf das Wasser.

Am Ende der Umzäunung führt ein Zubringerweg zur **Revierförsterei Müggelsee** ❷. Das Gelände der im Wald liegenden Försterei und eines privaten Wohnhauses wird umlaufen. Auf der Rückseite der Försterei, an der auch der Spazierweg weiterführt, findet man Informationstafeln über Spechte, Bäume und Wildschweine. Leicht bergab geht der Weg in einen sumpfartigen Erlenbruch, den man durchläuft. Der Weg wird von beeindruckenden alten Eichen gesäumt.

Dort, wo man auf einen kleinen Flusslauf stößt, hat man das **Fredersdorfer Mühlenfließ** ❸ erreicht. Am Ufer entlang nach rechts (südwestlich) gelangt man aus dem windgeschützten Bereich des Fließes auf die offene Mole. Bei windigem Wetter erinnert einen der Standort schnell an die Ostsee. Von dort kann über die komplette Ost-West-Ausdehnung des Müggelsees geblickt werden.

Wer genug von der Weite hat, geht zurück am Ufer des Fließes. An der Gabelung, an der man das

Spaziergang

Start
Tram 61 Haltestelle Fürstenwalder Damm

Länge
ca. 5 km
(bis Rahnsdorf)

Dauer
ca. 1,5 Stunden
(bis Rahnsdorf)

Rückfahrt
S-Bhf. Rahnsdorf

Kombinierbar mit
Köpenicker Bürgerheide ▸ Seite 60

Karte ▸ Seite 59

Vereister Sumpf

Fließ erreicht hat, folgt man weiter dem Weg am Mühlenfließ. Am Ende dieses Weges erreicht der Spaziergänger erneut den Fürstenwalder Damm. Gegenüber beginnt die Ingeborg-Hunzinger-Straße. Wer nun eine Rast einlegen möchte, kann rechts in die Fürstenwalder Allee laufen und in die „Conditorei Gerch" einkehren, um süße Köstlichkeiten zu sich nehmen.

Mit oder ohne leibliche Stärkung geht es weiter in die Ingeborg-Hunzinger-Straße. Hinter dem Haltestellenwartehäuschen zweigt man sofort wieder nach rechts in den Wald ab. Nach ca. 150 Metern erscheint eine kleine Weggabelung, an der man auf dem rechten Weg das nächste Ziel, einen **kleinen Stausee,** erreicht. Dieser wird auf der westlichen Seite umlaufen. Am nördlichen Ufer ❹ bietet sich ein schöner Blick auf den kleinen See.

Die Weiterführung des Spazierpfades ist nicht ganz leicht und bedarf eines scharfen Auges. Hat man das nördliche Stauwehr erreicht, bettet sich ca. 15 Meter westlich (links) ein kleiner Pfad in nördlicher Richtung in den Wald. Diesem folgt man, wobei man sich zunehmend nach links vom Wasserlauf des Fredersdorfer Mühlenfließes entfernt. Schon bald wird man eine grüne Markierung auf weißem Grund an einem Baum sehen. Auf diesem Pfad durchstreift man einen hauptsächlich mit Laubbäumen bestückten Wald, der bei Sonnenschein sehr schöne Lichtspiele zeigt.

Erreicht der Pfad die Straße, findet dieser Spaziergang auch schon bald sein Ende. Schaut man auf der Straße nach rechts, sieht man schon den S-Bahnhof Rahnsdorf. Nach der Überquerung der Straße führt der Weg abseits der Straße in Richtung des S-Bahnhofes.

Conditorei und Café Gerch
Cafékonditorei mit Gastraum und Garten.
Fürstenwalder Allee 22
12589 Berlin
Tel. (0 30) 64 8 96 82
www.conditoreigerch.de
Di 12–18, Mi–So 9–18 Uhr

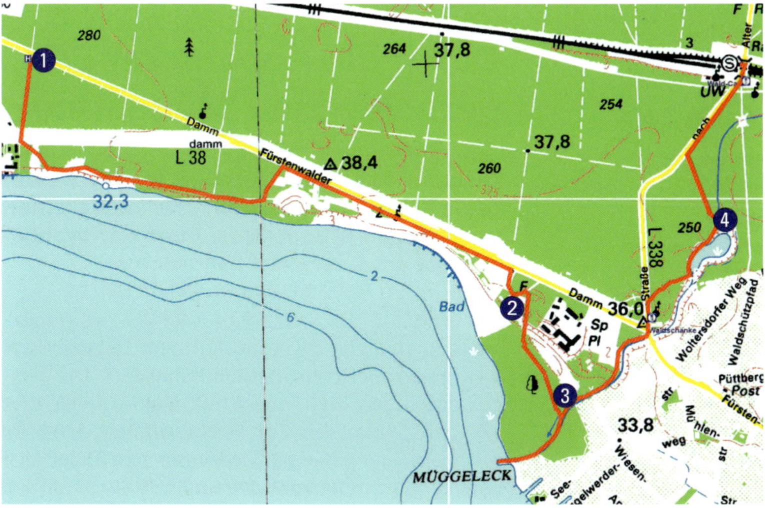

Mit der Tram nach Woltersdorf

Wer noch nicht genug Eindrücke gesammelt hat, kann sich ab Bahnhof Rahnsdorf in der nostalgisch anmutenden Woltersdorfer Straßenbahn durch den Wald nach Woltersdorf fahren lassen. Die Haltestelle befindet sich hinter der Brücke rechts. Die Endstation der Tramlinie 87 ist an der Schleuse in Woltersdorf direkt am Flakensee.

An diesem schönen See kann der Spaziergang noch fortgeführt werden. Die schöne Uferpromenade geht im weiteren Verlauf in einen Uferwaldweg über. Ein Abstecher zur Liebesquelle und auf den Kranichberg ist sehr lohnenswert. Zurück fährt man wieder mit der Straßenbahn zum S-Bahnhof Rahnsdorf, wo die Fahrt mit der S-Bahn über Friedrichshagen zurück ins Berliner Zentrum geht.

Sollte dieser Spaziergang im Sommer unternommen werden, besteht in Woltersdorf die Möglichkeit, die Natur vom Wasser aus zu genießen. Mit der „Stern- und Kreisschiffahrt" fährt man eine Stunde und zwanzig Minuten nach Friedrichshagen. Wo man entweder zu Fuß oder mit der Straßenbahn den S-Bahnhof Friedrichshagen erreichen kann.

Woltersdorfer Tram
Tram 87 alle 20 Minuten
S-Bahnhof Rahnsdorf – Woltersdorf/Schleuse

Wanderung
Radtour

Start
S-Bhf. Rahnsdorf

Länge
ca. 11 km

Dauer
ca. 4 Stunden

Rückfahrt
S-Bhf. Friedrichshagen

Kombinierbar mit
Müggelsee
▸ Seite 57
Krummendammer Heide
▸ Seite 80

Köpenicker Bürgerheide

Durch die Köpenicker Bürgerheide zum Müggelsee

Diesmal führt der Ausflug in das Revier Teufelssee am südlichen Ufer des Kleinen und Großen Müggelsees. Start der Wanderung ist am S-Bahnhof Rahnsdorf.

Am Ausgang des S-Bahnhofes ❶ geht es geradewegs in südliche Richtung auf dem Hegemeisterweg in den Berliner Stadtteil **Rahnsdorf**. Die Strecke durch den Wald endet auf dem Woltersdorfer Weg, dem man bis zur Fürstenwalder Allee ❷ folgt. Auf der anderen Straßenseite befindet sich eine breite Straßeneinmündung, an der man den Wegweiser zur Fähre sieht. Genau diesem Wegweiser wird auf dem Mühlenweg bis zum Müggelwerder Weg gefolgt. Auf dem Müggelwerder Weg geht es dann bis ans Wasser zur Fähre nach **Neu Helgoland**. Schon von Weitem sieht man das Anlegerschild der Fähre. Der Fähranleger befindet sich links hinter einem Gartentor.

Mit der BVG-Fähre wird man in 15 Minuten zum Anleger Neu-Helgoland gebracht, wo die Wanderung weitergeht. Wer dort bereits eine erste Stärkung braucht, ist im gleichnamigen Restaurant ab 11 Uhr bis in die späten Abendstunden herzlich willkommen. Von der schönen Terrasse direkt am Wasser kann man die vorbeifahrenden Boote beobachten.

Die Wanderung geht dann im Wald, vor dem Grundstück des Restaurants, in westlicher Richtung (rechts) vorbei am Café-Restaurant „Kleiner Müggelsee“ und einer Schranke bis zur Badestelle ❸ am **Kleinen Müggelsee**. Bei entsprechenden Temperaturen ist ein kühles Bad in den Fluten eine willkommene Abwechslung.

Auf der anderen Seite der Badestelle führt die Wanderung auf einem asphaltierten Weg (Radwanderweg R1) auf die Zubringerstraße nach **Müggelhort**. Dieser Straße ein kurzes Stück folgen, bis nach einer Rechtskurve ein beliebiger

Restaurant Neu Helgoland
Traditionsrestaurant mit Fisch- und Wildspezialitäten.
Neuhelgoländer-Weg 1
12559 Berlin
Tel. (0 30) 6 59 82 47
www.neu-helgoland.de
Tgl. ab 11 Uhr

Fährverbindung F23
Von Ostern bis Anfang Oktober täglich (außer montags) von 10–19 Uhr, am Wochenende und feiertags bis 20 Uhr zu jeder vollen Stunde.

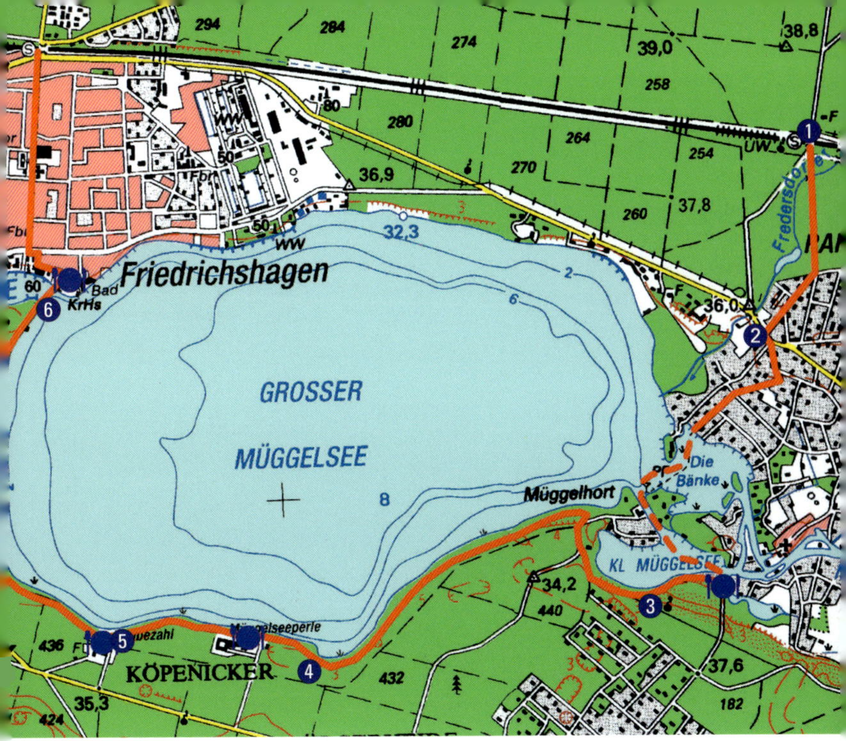

Weg nach links abgeht. Auf einem dieser Wege gelangt man an das Ufer des **Müggelsees**.

Von nun an folgt man immer der Müggelsee-Promenade in westlicher Richtung entlang des Ufers. Unterwegs findet man einige schöne Buchten und anderes Sehenswertes, wie zum Beispiel das Feuchtbiotop **Der Thyrn ❹**. Dies ist ein Relikt eines ehemaligen Wasserdurchflusses in Richtung „Neue Wiesen". Er ist heute überwiegend verlan-

Müggelsee

Der Große Müggelsee ist 4,4 Kilometer lang, 2,6 Kilometer breit, im Durchschnitt etwa 4,9 Meter tief und hat die größte Tiefe bei 7,7 Meter. Er ist ein Grundmoränensee, der von der Spree durchflossen wird. Der Name „Müggel" ist von dem altdeutschen Wort „mikil" abgeleitet, welches groß oder mächtig bedeutet. Die Schreibweise „Miggel" oder „Mickel" deutet mehr auf einen deutschen als auf einen slawischen Namen.

Blick auf den Müggelsee

Hotel Müggelsee
Müggelheimer Damm 145
12559 Berlin
Tel. (0 30) 65 88 25 00
www.hotel-mueggelsee-berlin.de
Tgl. 12–22 Uhr

Restaurant und Café Rübezahl
Müggelheimer Damm 143
12559 Berlin
Tel. (0 30) 6 56 61 68 80
www.ruebezahl-berlin.de
Mai–Sep. Mi–So 11.30–21, Okt.–Apr. 12–19.30 Uhr

det, nur der Thyrn als wertvolles ökologisches Biotop wird erhalten.

Auf halber Wegstrecke kommt man am Hotel „Müggelsee“ mit seiner gepflegten Küche vorbei. Dort befindet sich auch der Dampferanleger „Müggelseeperle“, von dem aus man eine einstündige Seenrundfahrt machen kann. Der Dampfer hält unter anderem am Müggelpark sowie am Restaurant „Rübezahl“.

Zu Fuß oder per Rad weiter auf dem Uferweg kommt man nach einiger Zeit ebenfalls zum Restaurant und Café „Rübezahl“. Hier gibt es die Möglichkeit, sich in Selbstbedienung zu stärken oder auf der idyllischen Terrasse bedienen zu lassen. Ebenso befindet sich dort auch einer unserer schönen **Waldspielplätze 5**, auf dem Kinder sehr gerne spielen.

Am Müggelseeufer geht es nun weiter in nordwestliche Richtung. Der Uferweg verläuft unter großen Laubbäumen, die auch bei sehr heißem Wetter für erträgliche Temperaturen und ausreichend Schatten sorgen.

Am westlichen Ufer des Müggelsees sieht man parallel zum Wanderweg einen neu angelegten asphaltierten Weg. Dies ist der Europaradwanderweg R1, der über 3 500 Kilometer von Calais bis nach St. Petersburg führt. Etwa 70 Kilometer laufen davon durch Berliner Gebiet. Ein 12 Kilometer langer Teil schlängelt sich von Köpenick vorbei am Großen und Kleinen Müggelsee nach Erkner. Bereits am Kleinen Müggelsee führte diese Wanderung ein Stück auf diesem Weg.

Parallel zum R1 am Großen Müggelsee geht es nun immer in nördliche Richtung. Man durchquert eine große **Badebucht** und erreicht eine Landzunge zwischen der Müggelspree und dem Müggelsee. An diesem Punkt befindet sich der **Spreetunnel** ❻. Der Fußgängertunnel verbindet den Köpenicker Forst mit **Friedrichshagen**. Auf der gegenüberliegenden Seite sieht man das große Gebäude der ehemaligen Berliner Bürgerbräu Brauerei, daneben den Müggelpark. Weiter geht es durch den Park bis zur Josef-Nawrocki-Straße. Auf dieser Straße nach Westen (links) vorbei an der Vorderseite der Brauerei bis zum Müggelseedamm. Schräg gegenüber beginnt die Bölschestraße. Auf ihr geht es nun nach Norden, wo sich die Christophoruskirche und das Denkmal von Friedrich dem Großen befinden, direkt zum S-Bahnhof Friedrichshagen. Diese sehr schön restaurierte Straße bietet zahlreiche Einkaufs- und Bewirtschaftungsmöglichkeiten. Am Ende kann man mit der S-Bahnlinie S 3 den Heimweg antreten.

Badebucht am Kleinen Müggelsee

Spaziergang

Start/Rückfahrt
Bus 169 Haltestelle Ludwigshöheweg

Länge
ca. 5,5 km

Dauer
ca. 2 Stunden

Kombinierbar mit
Zum Müggelturm
▸ Seite 69

Revier Teufelssee

Ein Waldspaziergang auf Berlins höchsten Berg

Der höchste Berg Berlins? Wo liegt der denn? Das ist nicht leicht zu beantworten. Denn genau genommen haben wir in Berlin zwei „Berge", die mit je 115 Metern gleich hoch sind: den Teufelsberg und den Großen Müggelberg. Allerdings ist nur letzterer eine natürliche Erhebung. Der Spaziergang führt im Köpenicker Forst auf den Kammweg des Großen Müggelberges.

Gestartet wird in **Müggelheim** an der Haltestelle „Ludwigshöheweg" des Busses 169. Von dort geht es in den gleichnamigen Weg bis zum nächsten Abzweig nach Westen (rechts) in die Philipp-Jacob-Rauch-Straße. Diese führt bis zur Straße „Am Müggelberg", wo sich auch der Zugang in den Wald befindet. Der Pfad schlängelt sich nun bergauf bis zum asphaltierten Kammweg.

Schon nach 20 Metern auf dem **Kammweg** zweigt ein Weg nach Nordwesten (rechts) ab ❶. Dies ist der Weg, um ganz nach oben zu kommen. Denn folgt man diesem, findet man bereits nach wenigen Metern ein Hinweisschild **„Zum höchsten Berg Berlins"**. Von dort ist es dann nicht mehr weit bis ganz nach oben und, immer dem Schild nach, kann man sich nicht mehr verlaufen. Der eigentliche Spaziergang führt jedoch auf dem Kammweg weiter. Also bitte nach dem Abstecher auf die Bergspitze wieder auf den asphaltierten Weg zurückgehen.

Schon nach wenigen Metern stößt man auf ein Schild mit der Aufschrift **„Referenzfläche"**. Vorbei an dieser Fläche sieht man durch die Bäume rechter Hand den ersten Sendemast des Fernmeldeamtes 1 von Berlin. Und einige Minuten später erscheint auch die zweite Sendeanlage. Die Anlage wird ein Stück umrundet und auf dem befestigten Weg gelangt man auf eine neu angelegte **Aussichtsplattform** ❷. Von diesem Punkt

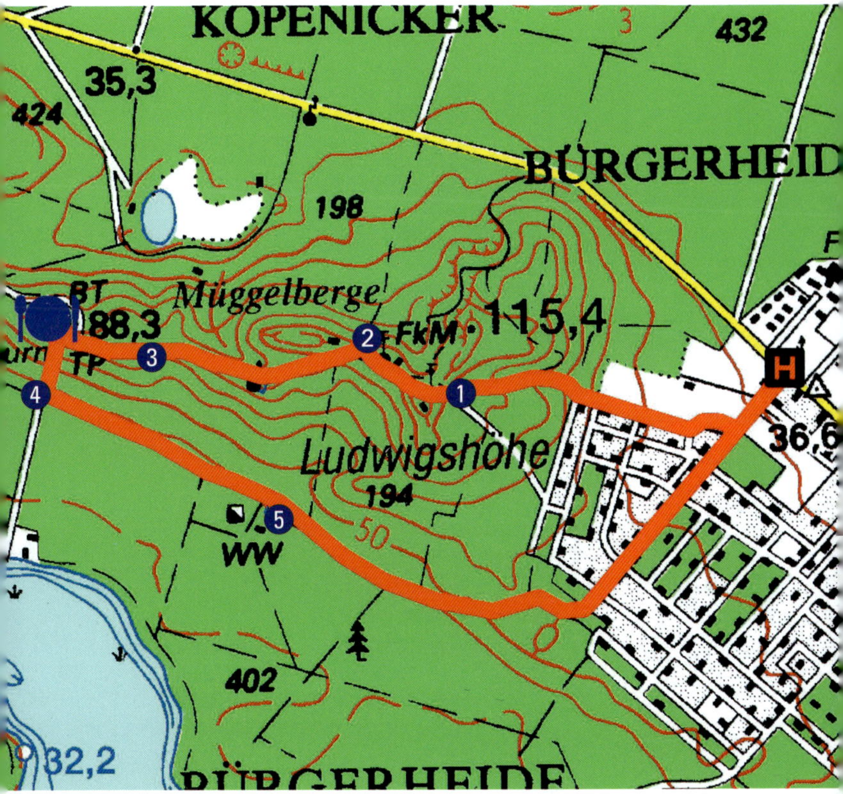

Referenzflächen

Überall in den Berliner Wäldern stößt man auf Schilder mit der Aufschrift „Referenzfläche“. Diese Flächen sind Bestandteile der Zertifizierung der Berliner Wälder. Seit dem 16. Juni 2002 sind die Berliner Forsten und damit auch die Wälder nach FSC (Forest Stewardship Council) und Naturland zertifiziert. Durch diese Zertifizierung gibt es festgelegte Bewirtschaftungsgrundsätze für die Waldflächen.

Diese Zertifizierung verpflichtet unter anderem dazu, dass auf 10 Prozent der Waldfläche jegliche Eingriffe unterbleiben müssen. Diese Referenzflächen bleiben der natürlichen Entwicklung überlassen. Es dürfen keine Eingriffe durch Menschenhand erfolgen. Zum Beispiel werden kranke und tote Bäume nicht entnommen. Dies dient der Beobachtung des Waldes, um das forstliche Handeln zu optimieren.

Mehr Informationen über die Zertifizierung finden Sie auf der Website der Berliner Forsten in der Rubrik „Zertifizierung des Berliner Waldes“.

Hier geht's ganz nach oben

hat man durch eine Sichtschneise einen freien Blick über den Großen Müggelsee nach Friedrichshagen. Nach einer schönen Pause geht man zurück bis zum Zauntor der Sendeanlage. Genau gegenüber führt ein Weg hinab zurück auf den „Bergrücken". Auf diesem befestigten Sandweg geht man zurück auf den Kammweg. Immer wieder öffnen sich versteckte Einblicke links und rechts hinunter in die schönen Wälder. Kurz bevor man den Müggelturm erreicht, findet man linker Hand eine Stelle ❸ mit einer Panorama-Aussicht nach Süden auf den Langen See.

Der **Müggelturm** ist der äußerste Punkt dieses Spazierganges. Er steht auf dem Kleinen Müggelberg in einer Höhe von 88 Metern über NN. Unterhalb des Turms befindet sich das 2017 wiedereröffnete Traditionslokal „Müggelturm-Baude". Der Spaziergang führt nun wieder hinab in südliche Richtung über eine Treppenanlage ❹ in Richtung **Langer See.** Am Ende der Treppe stößt man auf eine Straße, die nach Osten (links) zu-

Müggelturm-Baude
Getränke, Kuchen und kleine Speisen am Fuße des Müggelturms.
Straße zum Müggelturm 1
12559 Berlin
Tel. (0 30) 65 48 99 50
www.müggelturm.berlin
Tgl. 10–20, im Winter bis 18 Uhr

Müggelturm
Tgl. 10–20, im Winter bis 18 Uhr
Erwachsene 4 Euro,
Kinder 2 Euro

Müggelturm

Den ersten Turm namens „Spindlerturm" ließ 1880 Carl Spindler, Erbe des in Köpenick ansässigen Wäschereiunternehmens „W. Spindler", errichten. Dieser 10 Meter hohe hölzerne Aussichtsturm bot auf Grund seiner geringen Höhe jedoch keinen schönen Fernblick. 1889 ließ Herr Schindler den Turm vom Baumeister Max Jacob im chinesischen Pagodenstil für 40 000 Mark (ca. 20 452 Euro) erweitern. Am 1. April 1890 wurde der nun 27 Meter hohe Holzaussichtsturm eröffnet. Das damals im Turm befindliche Restaurant und die Aussichtsplattform mit einem Fernblick von bis zu 50 Kilometern entwickelte sich schnell zu einem Besuchermagneten. 1958 brannte der alte Müggelturm leider ab. Der heutige Müggelturm wurde 1960 eingeweiht.

rück am Fuße der Müggelberge nach Müggelheim führt. Auf dieser Straße, die für den öffentlichen Straßenverkehr gesperrt ist, läuft man durch eine schöne dichte Waldlandschaft. Auf ungefähr halbem Weg durch die Köpenicker Bürgerheide kommt man an den Toren des ehemaligen Wasserwerkes von Köpenick vorbei.

Dieses im englischen Jagdhausstil errichtete **Wasserwerk** 5 wurde 1907 vom Stadtbaudirektor Hugo Kinzer entworfen. 1926 wurde ein dritter Maschinensatz aufgestellt. 1996 wurde das Wasserwerk stillgelegt und ist heute noch für jeden historisch Interessierten ein echtes Erlebnis.

Weiter geht es auf der verkehrsberuhigten Straße bis nach Müggelheim. Auf dem Grünstadter Weg stößt man direkt wieder auf den Ludwigshöheweg. Diesem weiter geradeaus folgend erreicht man wieder den Müggelheimer Damm, wo der Spaziergang begonnen hatte.

Geht es hier aufwärts oder abwärts? Treppe am Müggelberg

Zum Müggelturm

Bergauf – bergab

Wer an der Haltestelle „Rübezahl" den Bus verlässt, befindet sich direkt am Startpunkt dieser kurzen, aber zeitaufwendigen Tour.

Durch das sogenannte Portal ❶ betritt man das Waldgebiet. Vorbei an einem Waldspielplatz führt der Weg zum **Teufelssee** ❷. Um den See herum ist ein **Lehrpfad** angelegt, auf dem diese Tour ein kurzes Stück verläuft. Einfach den Schildern folgen, aber dabei noch nicht nach links Richtung Lehrkabinett abbiegen. Nach ca. 150 Metern ist auf der rechten Seite eine Treppe zu sehen. Über diese erreicht man den **Kleinen Müggelberg**, auf dem in 88 Metern Höhe der **Müggelturm** ❸ (▸ Seite 132) steht.

Am Fuße des Müggelturmes kann man im 2017 wiedereröffneten Traditionslokal „Müggelturm-Baude" verschnaufen. Wer hoch hinaus möchte, kann weitere 30 Meter hinauf auf den Turm steigen. Von dort oben hat man einen guten Ausblick über die Umgebung – je nach Wetterlage bis zu 50 Kilometer weit.

Die Wandertour führt weiter über den Kammweg, von dem aus man das ein oder andere Mal rechts hinunter zum Langen See schauen kann.

Teufelssee

Der Teufelssee ist ein eiszeitlicher Toteissee: Toteis ist Eis, das sich von einem Gletscher abgespalten hat und sich nicht mehr bewegt. Der Teufelssee entstand durch einen solchen Eisblock, der in einer Mulde durch Geröll und Schmelzwasser versandete und dort so lange erhalten blieb, bis die Bodenfrostperiode beendet war. Als der Frost den Boden freigab, wurde aus dem Eisblock unter dem Sand Wasser. Der Sand sickerte auf den Boden und es entstand ein 1,5 Hektar großer See. Heute hat der See eine Wassertiefe von 2 Metern und die weiteren 17 Meter bis zum Seeboden aus Sand und Kies sind aufgefüllt mit Schlick, Morast, Torf und Pflanzenresten.

Spaziergang

Start
Bus 169
Haltestelle Rübezahl

Länge
ca. 4 km

Dauer
ca. 2,5 Stunden

Rückfahrt
Bus 169
Haltestelle Rübezahl
oder Müggelseeperle

Kombinierbar mit
Revier Teufelssee
▸ Seite 64

Karte ▸ Seite 71

Foto links: Blick auf den Müggelsee

Müggelturm-Baude
Getränke, Kuchen und kleine Speisen am Fuße des Müggelturms.
Straße zum Müggelturm 1
12559 Berlin
Tel. (0 30) 65 48 99 50
www.müggelturm.berlin
Tgl. 10–20, im Winter bis 18 Uhr

Müggelturm
Tgl. 10–20, im Winter bis 18 Uhr
Erwachsene 4 Euro,
Kinder 2 Euro

Lehrkabinett am Teufelssee
Müggelheimer Damm 144
12559 Berlin
Tel. (0 30) 6 54 13 71
So–Do 10–16 Uhr
Unter Voranmeldung auch zu anderen Zeiten

Nach ca. 500 Metern geht der Weg in einem spitzen Winkel links auf der ehemaligen Rodelbahn ❹ bergab. Diese wird heute im oberen Teil von Mountainbikern (Radfahrern) genutzt.

Bei der Informationstafel „Höhlenbauer und Nachmieter" geht man nun rechts die Treppen hinunter und gelangt so zum sumpfigen Teil des **Teufelssees.** Am Ende der Rodelbahn wurde früher ein Auslauf in den Sumpf aufgeschüttet. Die Aufschüttung aus Schutt und Abfallstoffen wurde in einer Renaturierungsmaßnahme abgebaut. Heute sehen Sie an dieser Stelle ein rundes, mit Wasser gefülltes Loch. Über einen kleinen Steg kann sowohl in das 3,5 Meter tiefe Wasserloch geschaut werden als auch in den angrenzenden Sumpf.

Über den Weg am östlichen Rand des Sumpfgebietes, vorbei an der Informationstafel „Erlenbruchwald" und dem Wurzelpavillon, stößt man auf das **Lehrkabinett** ❺. Hier können Sie, außer montags und samstags, alles Wissenswerte über den Wald und seine Bewohner erfahren. Im Lehrkabinett sollte mit einer Besuchszeit von wenigstens 45 Minuten gerechnet werden. Besonders Wissensdurstige können hier auch deutlich länger verweilen.

Sichtfenster auf den Langen See

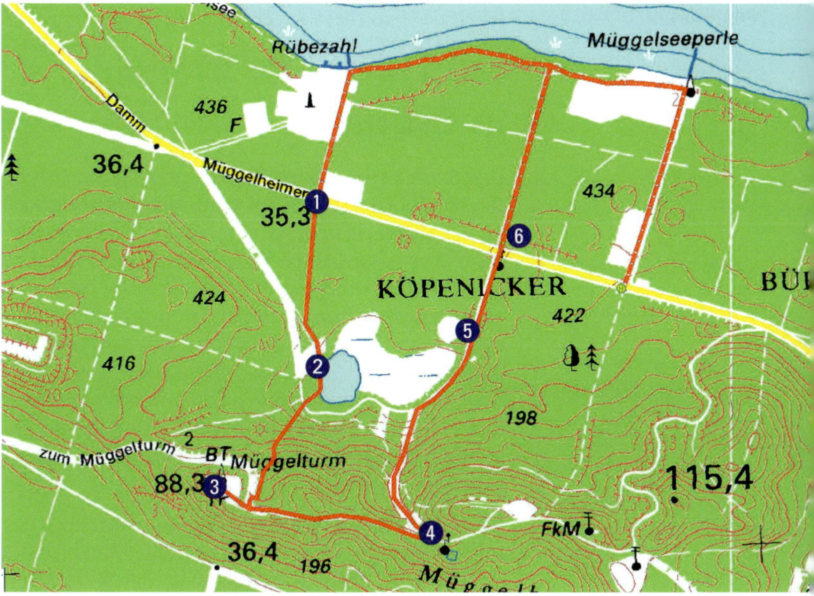

Über die Zufahrtsstraße zum Lehrkabinett erreicht die erste Etappe dieser Wandertour ihr Ende auf dem Müggelheimer Damm. Diejenigen, für die der Ausflug lang genug war, können hier entweder nach links zur Bushaltestelle „Rübezahl" zurücklaufen oder nach rechts zur Bushaltestelle „Müggelseeperle". Die **Erweiterungsetappe** ❻ beginnt auf der anderen Straßenseite und führt direkt zum Müggelsee (▸ Seite 111).

Kurz vor dem Ufer erscheint der **Rühlstein:** ein Gedenkstein für Rudolf Rühl, den Stadtältesten von Köpenick. An der T-Kreuzung des Uferweges besteht die Möglichkeit, nach links zur Gaststätte „Rübezahl" zu laufen oder nach rechts zum „Hotel Müggelsee". Bei beiden kann mit Blick auf das Wasser der Flüssigkeits- und Kalorienverlust wieder aufgefüllt werden.

Über die beiden Zufahrtsstraßen erreicht der Wanderweg den Müggelheimer Damm, auf dem der Bus von den Haltestellen „Rübezahl" und „Müggelseeperle" die Wanderer wieder zurück in die Großstadt bringt.

Restaurant und Café Rübezahl
Müggelheimer Damm 143
12559 Berlin
Tel. (0 30) 6 56 61 68 80
www.ruebezahl-berlin.de
Mai–Sep. Mi–So 11.30–21,
Okt.–Apr. 12–19.30 Uhr

Hotel Müggelsee
Müggelheimer Damm 145
12559 Berlin
Tel. (0 30) 65 88 25 00
www.hotel-mueggelsee-berlin.de
Tgl. 12–22 Uhr

TOUR 15

Spaziergang

Start
S-Bhf. Grünau

Länge
ca. 8 km

Dauer
ca. 3 Stunden

Rückfahrt
Tram 68
Haltestelle Zum Seeblick

Kombinierbar mit
Revier Schmöckwitz
▸ Seite 76

Revier Grünau

Märchenhafte Wälder in Grünau

Das Revier Grünau im Herbst- und Winternebel: Vertraute Landschaften sind nur schemenhaft zu erkennen und erscheinen dem Wanderer bizarr. Der Blick über sonst freie Wasserflächen verliert sich im Grau, Bäume werden plötzlich zu Fabelgestalten und Moore regen die Fantasie auf ganz eigene Weise an. Die Wanderung bietet die besten Voraussetzungen, diese Eindrücke selbst zu erleben. Natürlich ist die Tour durch den Grünauer Forst aber auch bei strahlendem Sonnenschein und bestem Badewetter märchenhaft.

Gegenüber dem S-Bahnhof **Grünau** geht es auf der Büxensteinallee, die nur ein gepflasterter Fußweg ist, halbrechts hinein in den Wald. Nach 200 Metern zweigt ein Waldweg nach Südosten (rechts) ab. Auf diesem Weg kommt man an die Kreuzung Parksteig/Libboldallee. Der Verlängerung des Parksteiges folgend geht es weiter durch den Wald. An der nächsten Kreuzung ❶ wählt man den Weg halblinks, der zwischen zwei Wegen liegt.

Nach wenigen Metern streift die Route einen **Waldspielplatz** und mündet an den Straßenbahnschienen in eine Straße. Parallel zu den Schienen kommt man auf dieser Straße vorbei an der Försterei Grünau. Die Straße trifft auf die Regattastraße, an der auch die Rückseite der Regattatribüne des Langen Sees zu sehen ist. Weiter nach Südosten (rechts) überquert man die Straßenbahnschienen und biegt in die Rabindranath-Tagore-Straße ein. Dieser folgt man bis zu einer Rechtskurve, an der es über einen Parkplatz zurück in den Wald geht. Auf dem breiten Waldweg erreicht man die Gaststätte „Hanff's Ruh" ❷.

Nach einer Stärkung geht es weiter auf dem Weg in Richtung Südosten. Man biegt erst wieder von diesem Weg nach Nordosten (links) ab, wenn eine Kreuzung erreicht wird, an der auf der linken Seite sowohl das Schild „Naturschutzgebiet" als auch

Gaststätte Hanff's Ruh
Gutbürgerliche Küche nach Saison. Mit großem Biergarten.
Rabindranath-Tagore-Straße 25
12527 Berlin-Grünau
Tel. (0 30) 6 74 33 68
www.hanffs-ruh.com
Tgl. (außer Di) 11–21 Uhr

ein Markierungsstein steht, der im Uhrzeigersinn mit den Zahlen 68, 72, 72 und 71 beschriftet ist. Dort betritt man das **Naturschutzgebiet Krumme Lake** ❸.

Schon nach wenigen Schritten befindet man sich im Feuchtgebiet und es ist angeraten, die schmalen Wege nicht zu verlassen. Hinter der nächsten dominant freistehenden Eiche ❹ bitte dem Pfad nach Südosten (rechts) folgen. Der Trampelpfad schlängelt sich entlang der Lake und endet auf einem festen Weg, an dem die Beschilderung „Wasserschutzgebiet“ zu finden ist. Rechts vorbei an diesem Schild folgt man dem nun wieder breiten Waldweg bis zu einer breiten Schneise ❺, auf der ein geradliniger Weg verläuft.

Dort nach Nordosten (links) abbiegen und über die Straßenbahnschienen bis zum **Langen See** weiterlaufen. Die dort erreichte Landzunge trägt den Namen „Bammelecke“. Die Aussicht über den See lädt bei jedem Wetter zum Verweilen ein. Der Name „Bammelecke“ wurde durch den dortigen Rudersport geprägt. An dieser Stelle nämlich werden seit der ersten „Großen Grünauer Regatta“, also seit 1881, die Sportler zum Start gerufen. Seitdem findet auf der 2000 Meter langen Strecke die alljährliche Regatta zum Wanderpreis „Große Grünauer Regatta“ statt.

Bei Badewetter lohnt sich hier der Sprung ins kühle Nass. Badesachen sind dabei je nach Vorliebe nicht unbedingt erforderlich, da sich dort auch ein bekannter FKK-Strand befindet.

Hier ❻ über die Gleise hinüber – hinein in neblige Sümpfe

An der Wasserkante entlang geht es nach Süden bis zur Sportpromenade, wo auch die nächste Gaststätte zu finden ist. Das Restaurant „Herr Lenz am See" lädt auf seine Seeterrasse oder auch in den Wintergarten ein.

Schräg gegenüber führt die Wanderung über die Straßenbahnschienen ❻ wieder auf einen Waldweg. Diesem Weg folgen, bis man die Krumme Lake wieder erreicht. Dort stößt der Weg auf einen anderen, dem man nach Westen (rechts) folgt, um in einer Linkskurve über die Krumme Lake zu laufen. Nach der „Überquerung" der Lake geht es nach wenigen Schritten wieder nach Südosten (links) entlang des Feuchtgebietes. Der weitere Verlauf der Tour führt mehr oder weniger dicht an diesem Naturschutzgebiet entlang.

Hat man die Schappachstraße erreicht, geht es kurz entlang dieser Straße nach Südosten (rechts) bis zur Straße **Adlergestell** ❼. Nach der Querung hinter der Schranke wieder einem geradlinigen Weg nach Südosten folgen. Nach knapp 400 Metern stößt dieser auf einen neuen, dem man ein kurzes

Café und Restaurant Herr Lenz am See
Charmantes Café und Restaurant mit großer Seeterrasse.
Sportpromenade 15
12527 Berlin-Grünau
Tel. (0 30) 6 75 99 24
www.herr-lenz-berlin.de
Di–Fr 14–22,
Sa/So 12–22 Uhr

Stück nach Nordosten (links in Richtung Adlergestell) folgt. Der nächste Abzweig nach rechts verläuft parallel zum Adlergestell.

Auf diesem geht es weiter bis zum nächsten befahrbaren Weg, auf dem erst nach rechts und gleich wieder nach links abgebogen wird. Ab dort verläuft die Strecke nach Südosten bis zur Umfriedung des ehemaligen Reifenwerkes Schmöckwitz. Als Orientierung sieht man in großer Distanz parallel das Adlergestell. Ist der Zaun des Reifenwerkes erreicht, umrundet man dieses entgegen dem Uhrzeigersinn und gelangt so vorbei an Reifen Müller und über den Parkplatz des Rewe-Marktes zur Tramhaltestelle.

Von hier kann man zurück zur S-Bahn-Station Grünau fahren oder auch nach Alt-Schmöckwitz, wo eine weitere schöne Wanderung über das Schmöckwitzer Werder (▸ Seite 76) beginnt.

Die Krumme Lake ist auch im ausgehenden Winter schön

Wanderung
Spielplatz & Baden

Start/Rückfahrt
Tram 68 Haltestelle Alt-Schmöckwitz

Länge
ca. 9 km

Dauer
ca. 2,5 Stunden

Kombinierbar mit
Revier Grünau
▸ Seite 72

Revier Schmöckwitz

Spielplatz am Badestrand

Auf diesem Ausflug wird der Spielplatz an der Badewiese Schmöckwitz vorgestellt. Für diejenigen, die mehr als nur spielen und baden wollen, gibt es auch eine Wanderung.

Sowohl die Wanderung als auch der Weg zum Spielplatz beginnen an der Endstation der Tramlinie 68 in **Alt-Schmöckwitz.** Weiter auf der Wernsdorfer Straße überquert man die Dahme und schon wenige Meter danach erreicht man die Zufahrt auf den Parkplatz, der direkt am **Spielplatz** endet. Der Parkplatz ist meistens gut besucht, deshalb ist es sehr zu empfehlen, die öffentlichen Verkehrsmittel zu nutzen.

Durch die Lage des **Spielplatzes direkt am Strand der Badestelle Schmöckwitz** ❶ ist ein Besuch in den heißen Sommermonaten besonders attraktiv.

Wer nun doch ein wenig mehr Bewegung braucht und lieber durch die schattigen, kühlen Wälder des Schmöckwitzer Werders wandert, geht entlang der Wasserkante nach Rauchfangswerder.

Nach dem Parkplatz überquert man die Freifläche zwischen Spielplatz und Badestrand in südlicher Richtung. Auf der anderen Seite führt

Spielplatz

Der seit Ende Juni 2005 errichtete Spielplatz ist von 15 engagierten Forstleuten aus allen vier Berliner Forstämtern gebaut worden. In nur fünf Tagen schufen die Kollegen mit viel Einfallsreichtum ein ca. 13 Meter langes Spielschiff, eine Balancierspinne und einen Rutschturm mit 5 Meter langer Rutsche. Mit Liebe zum Detail wurde auch eine Dampflok mit Anhängern gebaut sowie ein Pferd mit Wagen. Die besondere Herausforderung beim Schnitzen des Pferdes lag darin, dass der Rumpf, Hals und Kopf aus einem Stamm gefertigt wurden. Der Wuchs des Stammes gab somit auch die Form des Pferdes vor.

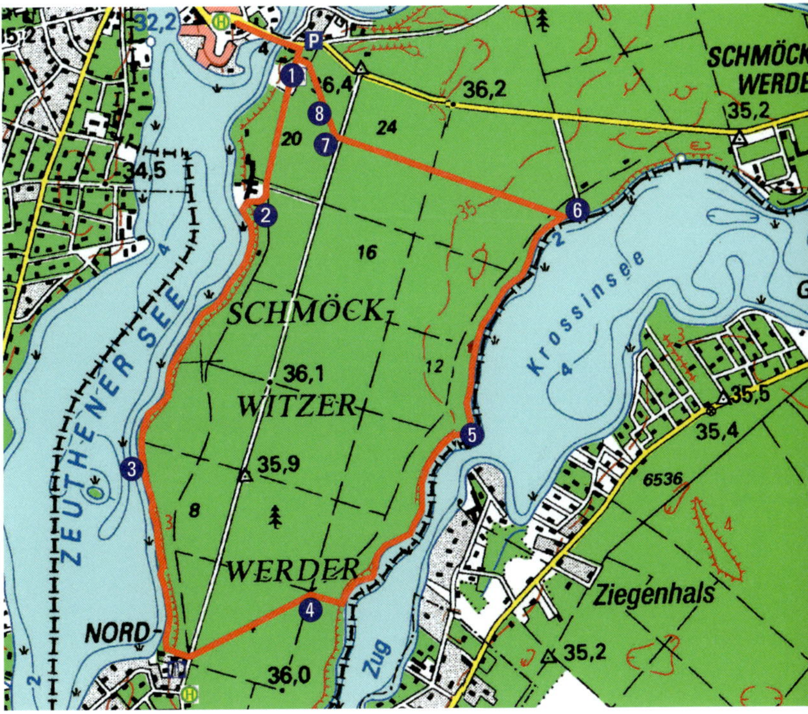

der Weg schnurgerade in den Wald, vorbei an einem **Waldcampingplatz.** 150 Meter weiter stößt man auf das Hotel „Teikyo“ ❷. Ab hier schlängelt sich der Weg am Uferbereich des **Zeuthener Sees** entlang. Diesem schattigen markierten Uferweg (gelber Balken auf weißem Grund) folgt man nun bis **Rauchfangswerder.** Unterwegs kommt man immer wieder an kleinen Buchten vorbei, die zum Rasten einladen. Nach der Hälfte streift man das Gelände einer **Wasserrettungsstation.** Auch hier hat man vom Zugang der gesperrten Steganlage einen schönen Blick auf das Wasser. Ein Stück weiter sieht man schon nach wenigen Metern die traurigen Überreste des einstmals **dicksten Baumes des Reviers** ❸. Von der dicken Ulme ist leider nur noch der Stumpf zu sehen.

Schwenkt der Weg vom Wasser weg, hat man schon bald den südlichsten Punkt der Wanderung erreicht. Am Ortseingang Rauchfangswerder Nord

So sah er aus, der dickste Baum im Revier ❸

stößt man auf den Schmöckwitzer Damm. Auf dieser Straße ortseinwärts kommt man auf der rechten Seite zur Haltestelle des Busses 168, mit dem man zurück nach Alt-Schmöckwitz fahren könnte. Der Fußweg zurück zum Ausgangspunkt geht weiter am Ortseingang gegenüber der Stelle, an der man auf den Schmöckwitzer Damm kam. In östlicher Richtung entfernt sich der Weg von der Hauptstraße und knickt schon nach wenigen Metern nach Nordosten ab. Diagonal durch den Jagen 4 (Jagen sind forstliche Flächeneinheiten, oft mit Grenzsteinen nummeriert) läuft man bis zu einem Platz ❹, an dem sechs Wege zusammenlaufen. Der Weg halbrechts führt nach einigen Metern zum Wasser.

Das Gewässer trägt den Namen „Großer Zug" und gehört bereits zu Brandenburg. Auf dem Uferweg geht es nun an der Landesgrenze nach Norden. Auch dort sind immer wieder kleine Badebuchten. Nach der Hälfte des Uferweges steht man auf einer kleinen Landzunge ❺. Die Gewässerverengung bildet den Übergang zwischen dem Großen Zug und dem **Krossinsee**. Am westlichen Ufer des Krossinsees geht es vorbei an einem Schutzpilz bis zu einer Stelle, an der in Laufrichtung durch die Bäume ein Haus zu sehen ist. Etliche Meter vor dem Haus zweigt ein schmaler Weg links in den Wald ab ❻. Der kleine Pfad mündet in einen breiten Waldweg, der zurück zum

Ausgangspunkt der Tour führt. Befindet man sich am eingezäunten Haus mit einer asphaltierten Zufahrt, so ist man am Abzweig vorbeigelaufen. Ein paar Meter zurück sieht man einen kleinen Abzweig weg vom Wasser, der ebenso auf den breiten Waldweg führt. Auf dem geht es nun geradlinig in Richtung Westen.

Nachdem man den Schmöckwitzer Damm zum zweiten Mal überquert hat ❼, biegt man schräg rechts auf einen Waldweg ein. Nicht der asphaltierten Straße folgen, die von der Hauptstraße abzweigt. In nordwestlicher Richtung geht es weiter durch den Wald.

Nach einiger Zeit passiert man eine Stelle, an der sich das gewohnte grüne Waldbild drastisch ändert. Plötzlich sieht man tote, schwarze Bäume, die wie Zahnstocher durcheinander liegen. Das Ergebnis eines Brandstifters! Menschen, die die grüne Lunge der Berliner systematisch zerstören. Bedenkt man, dass zum Beispiel eine 100-jährige Buche mit ihren Blättern etwa 370 Liter Sauerstoff pro Stunde produziert und 1 Hektar Wald jährlich 50 Tonnen Ruß und Staub aus unserer Atemluft filtert, so hat der unkontrollierte Verlust jeder mutwillig zerstörten Waldfläche noch größeres Gewicht.

An der nächsten kleinen Gabelung ❽ weiter geradeaus laufen. Der Weg ist mit einem **lilafarbenen Punkt** an einem Baum markiert. Am Ende des Weges hat man den Spielplatz an der Badewiese Schmöckwitz wieder erreicht.

Badestrand in Schmöckwitz

Wanderung

Start
S-Bhf. Friedrichshagen

Länge
8 km

Dauer
2,5 Stunden

Rückfahrt
S-Bhf. Rahnsdorf

Kombinierbar mit
Köpenicker Bürgerheide
▸ Seite 60
Revier Friedrichshagen
▸ Seite 82

Krummendammer Heide

Von Friedrichshagen nach Rahnsdorf

Diese Wanderung lässt sich gut mit dem Ausflug ins Revier Friedrichshagen und – als Rundtour – mit der Route durch die Köpenicker Bürgerheide zum Müggelsee verbinden.

Gestartet wird am S-Bahnhof Friedrichshagen auf der Dahlwitzer Landstraße in Richtung Norden. Vorbei am **Landesforstamt Berlin** und dem angrenzenden Holzfachhandel läuft man bis zum Ende des Zaunes und ein kurzes Stück weiter parallel zur Straße. Nach wenigen Metern biegt ein Pfad nach Nordosten (schräg rechts) ab, direkt hinein in den Wald ❶.

Man spaziert bis zum nächsten querenden Weg und dort nach Osten (rechts) weiter ❷. An der **Schutzhütte** geht es nach Norden (links) ❸ bis zur nächsten Kreuzung, wo man sich östlich (rechts) hält. Zwei Kreuzungen später wieder nach Norden (links) richten ❹. Geradewegs geht es nun bis zu einer großen Freifläche, dem **Münchehofer Machnow.** Hinter dem Erdwall führt ein Weg immer entlang an der Waldkante nach Osten (rechts) ❺.

Auf diesem Weg hat man die Möglichkeit, seinen Blick weit über die Freifläche schweifen zu lassen oder auch zwischen den gleich angrenzenden Bäumen nach den Besonderheiten des Waldes Ausschau zu halten.

Nähert man sich langsam dem Ende der Fläche, die dort bereits wieder von der Natur zurückerobert wird, läuft man wieder hinein in den Wald und biegt nach Süden (rechts) ab. Nach wenigen Metern wird eine Kreuzung erreicht. Dort geht es auf dem Weg geradeaus, der

Baumpilze: Nur gucken, nicht anfassen!

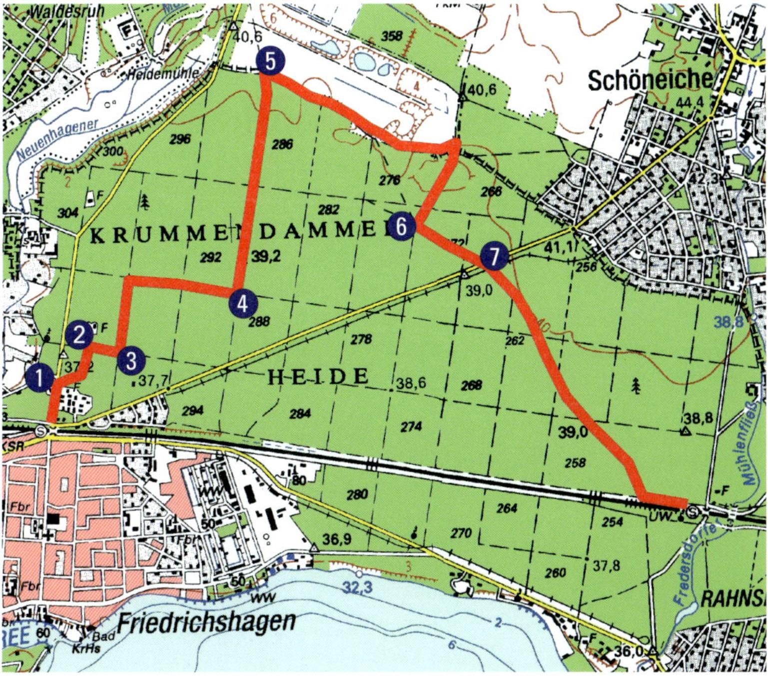

von einem hölzernen Zaun abgetrennt ist. Auf der anderen Seite des Zaunes verläuft außerdem parallel ein Reitweg. Hat man am Ende des Weges wieder den Durchgang des Zaunes passiert, befindet man sich auf einer großen Wegkreuzung mit einer **Waldkarte** ❻. Der breite Weg ist der Dahlwitzer Heuweg, dem nach Südosten (links) gefolgt wird. Der Heuweg durchquert die Krummendammer Heide und endet direkt in Rahnsdorf am S-Bahnhof.

Vorher überquert man erst noch die **Schöneicher Landstraße** ❼ und die parallel verlaufenden Straßenbahnschienen. Auf der anderen Straßenseite wandert man weiter auf dem Heuweg und kommt ein weiteres Mal an einer Schutzhütte vorbei. Bald ist der Bahndamm der S- und Regionalbahn erreicht. 400 Meter weiter in Richtung Osten (links) liegt der S-Bahnhof Rahnsdorf. Von dort gibt es die Möglichkeit, einen der zahlreichen anderen Ausflugstipps anzuschließen oder nach einer kleinen Stärkung die Heimreise anzutreten.

Spaziergang

Start
S-Bhf. Hirschgarten

Länge
6 km

Dauer
2,5 Stunden

Rückfahrt
S-Bhf. Friedrichshagen

Kombinierbar mit
Krummendammer Heide ▸ Seite 80

Revier Friedrichshagen

Durch die Mittelheide zum Mühlenfließ

Wer möchte, kann diese Tour als Spaziergang laufen. Das ist noch nicht genug? Na, dann erweitert man die Tour zur Wanderung in Kombination mit dem Ausflug in die Krummendammer Heide. Wem auch das noch nicht reicht, der kann danach sogar noch die Runde durch die Köpenicker Bürgerheide anschließen.

Der Streifzug durch die Mittelheide beginnt am romantisch klingenden **S-Bahnhof Hirschgarten.** Die Villenkolonie Hirschgarten wurde 1870 vom Bankier Albert Hirte gegründet. Er erwarb zu dieser Zeit nämlich den „Hirschacker", den er zu einem schönen, blühenden und grünen Garten umgestalten wollte. So kam es, dass der Hirschacker zum Hirschgarten wurde.

Man verlässt den Bahnsteig über den einzigen Ausgang und folgt dem Wegweiser „Ausgang KGA Erpetal". Erst geht es am Zaun entlang und dann direkt hinein in die **Mittelheide**.

Mittelheide

Die Mittelheide war im letzten Jahrhundert zusammen mit der Dammheide ein geschlossenes Waldgebiet. Eingebettet liegt dieses Landschaftsschutzgebiet zwischen dem Neuenhagener Mühlenfließ – besser bekannt als Erpe – und der Wuhle. Aus dem einst großen Eichen-Mischwald wurde über die Jahre ein Kiefern-Birken-Wald mit großen Grasflächen mit Heidecharakter. Heute ist von dem Heidecharakter aber nicht mehr viel zu sehen. Durch die massive Bebauung des südlich gelegenen Mahlsdorf wurde die Mittelheide immer kleiner.

Es wird ein **breiter Weg** überquert ❶ und weiter nach Norden auf der gerade verlaufenden Trasse spaziert. Am nächsten Abzweig, an dem auch eine Holzbank steht, geht es nach Nordwesten (links).

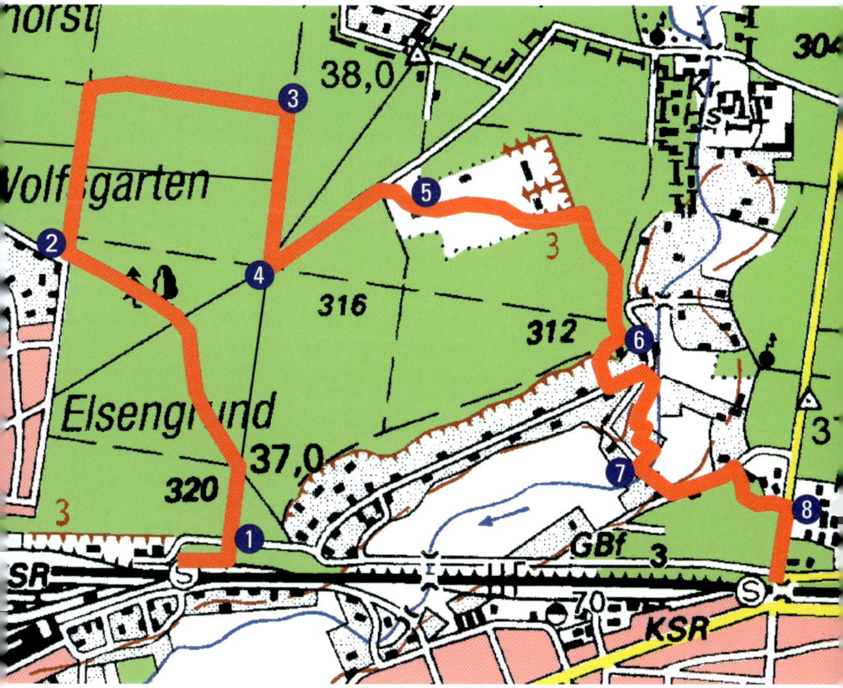

Bald erreicht man am Rande der Mittelheide einen kleinen **Waldspielplatz,** der sich direkt an der Siedlung des Wohngebietes **Wolfsgarten** befindet ❷. Über den Däumlingsweg (angrenzende kleine Straße) läuft man in Richtung Norden (rechts) auf dem Waldweg weiter, bis man nach mehreren kleinen Waldwegen eine größere Waldkreuzung erreicht. Als markanter Punkt ist dort wieder eine Bank zu finden. Der Spaziergang wird nach Osten (rechts) fortgesetzt. An der nächsten Kreuzung hat man einen schönen Blick in eine **Eichenallee** auf der südlichen (rechten) Seite ❸. Auf dieser Allee gelangt man ins Zentrum der Mittelheide. Das Zentrum ist leicht zu erkennen, denn dort befindet sich eine große **sternförmige Wegkreuzung** ❹. Von hier führen sieben Wege in alle Himmelsrichtungen. Auf diesem Spaziergang wählt man den zweiten Weg auf der nordöstlichen Seite (links). Nur auf diesem wird nach einigen Minuten auf der rechten Seite eine große

Foto rechts: Weg zur Ravensteiner Promenade

Freifläche erreicht. Ein Pfad führt von dem Waldweg quer über diese Freifläche, die Stück für Stück von der Natur zurückerobert wird. Man steht nun auf dem früheren **Übungsgelände der GST**. Von dort oben hat man einen guten Blick über die gesamte Fläche ❺.

Gesellschaft für Sport und Technik (GST)

GST stand für „Gesellschaft für Sport und Technik". Die ehemalige DDR-Jugendorganisation bestand von 1952 bis 1990. Jugendliche konnten sich hier in ihrer Freizeit mit militärischer Technik und Motor- und Schießsportarten beschäftigen. Außerdem war die GST für die sogenannte „vormilitärische Ausbildung" in Schulen und Betrieben zuständig. Auf der Fläche, auf der man nun steht, wurden von den jugendlichen Mitgliedern unter anderem Schießübungen absolviert. Noch heute sieht man die Schutzwälle und -mauern der ehemaligen Schießanlagen.

Vom östlichsten Punkt der Fläche (rechts neben dem Schutzwall beziehungsweise der Schutzmauer) geht man auf einem Waldweg hinter dem Wall in Richtung Südosten (rechts) auf die **Ravensteiner Promenade** zu. Diesem neu ausgebauten, breiten Weg folgt man nach Süden (rechts) bis zur nächsten Rechtskurve ❻. Direkt nach der Kurve wird nach Süden (links) abgebogen, in die Kleingartenanlage (KGA) Erpetal. Dort erreicht man bald den Hauptweg und geht ein kurzes Stück nach Osten (links) bis zu einem kleinen Platz, von dem eine Straße abwärts nach Süden (rechts) führt. Diesem schmalen Zickzack-Weg folgend gibt es viele schöne Ausblicke auf das **Neuenhagener Mühlenfließ**, das dort, genau genommen, bereits Erpe heißt.

Neuenhagener Mühlenfließ

Das Mühlenfließ entspringt in Wengendorf (Ortsteil Altlandsberg) und heißt dann ab Dahlwitz-Hoppegarten Erpe. Dort fließt die Erpe in das eiszeitlich geprägte Landschaftsschutzgebiet Erpetal. Kurz bevor die Erpe bei Hirschgarten in die Spree mündet, teilt sie sich noch einmal in die Neue und Alte Erpe.

Brücke über das Mühlenfließ

Der Pfad endet an einer **Brücke,** über die das Fließ nach links überquert wird ➐. Weiter geradeaus verlässt der Spaziergänger das **Erpetal und erreicht** die Straße Hinter dem Kurpark. Dort wendet man sich nach Osten (links) und geht bis zum Eingang des **Tennisclubs** „Orange-Weiß Friedrichshagen“. Wer möchte, kann dort eine kleine Stärkung oder Erfrischung zu sich nehmen. Am Ende des eingezäunten Tennisclubs biegt man nach rechts ab in den Kurpark Friedrichshagen. Schon am nächsten Abzweig wendet man sich wieder nach Osten (links) und steht kurz darauf vor dem Eingangsbereich des **Naturtheaters Friedrichshagen**.

Naturtheater Friedrichshagen

Das 1931 eröffnete Naturtheater bot Platz für 1 500 Zuschauer. Im Zweiten Weltkrieg trug der Ort starke Blessuren davon, wurde aber nicht zerstört. 1948 wurde das Theater zum Tennisstadion umgebaut. 1998 gelang es, das Theater wieder zu aktivieren. Seitdem wird dieser schöne Ort immer wieder als Bühne und Freiluftkino genutzt.

Auf dem Zubringer zum Naturtheater verlässt man den Kurpark Friedrichshagen und steht nun auf der Dahlwitzer Landstraße. Genau gegenüber befindet sich das Gelände des **Landesforstamtes der Berliner Forsten** 8.

100 Jahre Berliner Forsten

Die Berliner Forsten feierten im Jahr 2009 ihr 100-jähriges Bestehen. Am 15. September 1909 nahm der königliche Oberförster Walter Grasso seinen Dienst auf. Er war für 3000 Hektar Wald zuständig und erhöhte den Waldbestand bis 1925 auf 21000 Hektar. Heute sind es weit über 29000 Hektar Waldfläche (Tendenz steigend), die von den Berliner Förstern in und auch um Berlin betreut werden.

Auf der **Dahlwitzer Landstraße** geht man in Richtung Süden (rechts), bis man den S-Bahnhof Friedrichshagen erreicht hat. Dort ist das Ende des Spazierganges und gleichzeitig der Start der nächsten Wander- oder Radtour in weitere schöne, interessante und spannende Waldgebiete der Berliner Forsten.

Hauptsitz der Berliner Forsten

Wanderung

Start
Buslinie 169
Haltestelle Müggelheim/Dorf

Länge
7,5 km

Dauer
2,5 Stunden

Rückfahrt
Buslinie 169
Haltestelle Ludwigshöheweg

Kombinierbar mit
Müggelheimer Forst
▸ Seite 92

Revier Müggelheim

Große Krampe, Kuhle Wampe

Man startet im schönen Müggelheim und kommt an den Gewässern Große Krampe und Langer See, meistens direkt am Ufer, entlang. Bei schönem Wetter und zur passenden Jahreszeit die Badesachen nicht vergessen! An vielen Stellen laden die Große Krampe und der Lange See zum Baden ein.

Ist man an der Haltestelle Müggelheim/Dorf ausgestiegen, fällt einem gleich auf charmante Weise auf, warum die Station so heißen muss.

Auf der Mittelinsel ist die über 200 Jahre alte evangelische Kirche zu sehen. Vorbei an dieser geht es in Richtung Südosten bis zum **Krampenburger Weg.** Der Straße wird nach Südwesten immer bergauf bis zum Hallgarter Steig gefolgt. Auf dieser kleinen, verschlungenen Straße schlendert man hinunter bis an das südliche Ende. Dort geht es dann direkt an der **Wasserkante** der Großen Krampe hinein in den Wald. Links des wunderbar belaubten Uferweges liegen zahlreiche große und kleine Boote im

Müggelheim

Müggelheim wurde 1747 von 20 Pfälzer Familien gegründet. Friedrich II. unterstützte die Familien dabei, ihren pfälzischen Heimatort Odernheim zu verlassen und sich bei Berlin anzusiedeln. Nach dem erfolglosen Versuch, Weinbau in der Region zu betreiben, fingen die Siedler bald an, ihren Lebensunterhalt mit Ackerbau und Fischerei zu bestreiten. 1920 wurde Müggelheim nach Berlin eingemeindet. Die damals kleinste Landgemeinde mit 186 Einwohnern zählt heute über 6 200 Einwohner. Der Zuwachs hat seinen Grund: Müggelheim liegt landschaftlich reizvoll eingebettet am Fuße der Müggelberge zwischen dem Müggelsee und der Großen Krampe. Hier wohnt man mitten im Berliner Erholungswald.

Wasser. An den kleinen Buchten kann der Blick über den See an das andere bewaldete Ufer schweifen.

Auf halber Strecke zur Krampenburg erreicht man eine schöne **Badebucht mit Sandstrand.** Bei schönem, sommerlichem Wetter lohnt sich ein Sprung in die **Große Krampe** ❶. Das Gewässer ist ein Überrest der Eiszeit und entstand als glaziale Rinne (durch die abtragende Wirkung des Schmelzwassers unter dem Gletschereis entstandene Rinne). Dieser 3 Kilometer lange und 300 Meter breite Seitenarm der Dahme erstreckt sich zwischen Müggelheim und Schmöckwitz.

Parallel zur Zufahrtsstraße der Krampenburg läuft man weiter in Richtung Süden bis zum Gelände des Zeltplatzes **Kuhle Wampe**. Hier wird die Große Krampe verlassen und es geht auf der Straße hinüber zum **Langen See.** Auf halber Strecke zum See befindet sich der Eingang zum Zeltplatz, an dem auch eine kleine Gaststätte zu finden ist.

Gaststätte
Zur Kuhlen Wampe
Getränke und kleine Gerichte auf dem Campingplatz Kuhle Wampe.
Tel. (01 76) 96 71 38 87
www.zeltplatz-kuhle-wampe.de/Kuhle-Wampe/Gaststaette
Apr.–Okt. Di–Fr 12–20, Sa/So 8–20 Uhr

Fähranleger F21 ❷

Kuhle Wampe

Die Kuhle Wampe war in den 1930er-Jahren eine Gartenkolonie am Müggelsee. Bekannt wurde sie als Hauptdrehort des Films „Kuhle Wampe oder Wem gehört die Welt" – ein politischer Film von 1932, in dem es um die Lebensbedingungen der Berliner Arbeiterklasse in den 1930er-Jahren geht. Bertolt Brecht hatte einige Szenen dafür geschrieben und Hanns Eisler die Musik komponiert. Der heutige Campingplatz Kuhle Wampe an der Großen Krampe wurde nach dieser früheren Gartenkolonie am Müggelsee benannt. Der Name hat natürlich auch etwas mit Bauch zu tun, aber mehr im Sinne von „bauchartige Bucht", die „kuhl" ist, also kühl.

Der Straße weiter in Richtung Südwesten folgend, erreicht man schon bald den Parkplatz der **Laubenkolonie Krampenburg** und damit den südlichsten Punkt der Wanderung. Dort befindet sich auch der **Fähranleger** der BVG-Linie F21 nach Schmöckwitz ❷.

Gegenüber vom Fähranleger geht die Wanderung in Richtung Norden zurück nach Müggelheim. In diesem Bereich durchfließt die Dahme den Langen See. Auch an den Ufern des Langen Sees kommt man an zahlreichen kleinen Buchten vorbei, die zum **Baden** einladen. Nach einiger Zeit stößt der Waldweg an einem **Schutzpilz** auf eine von rechts kommende asphaltierte Straße. Geradeaus führt unser Weg an der Hirtenwiese vorbei wieder an das Ufer des Sees und die Wanderung geht weiter in Richtung Nordwesten. Bald erreicht man die **Wilfried-Langer-Eiche** und den Gedenkstein daneben ❸. Wilfried Langer war von 1986 bis 2006 Revierförster im Köpenicker Forst, bis er dann in den wohlverdienten Ruhestand ging. Zwei Bänke laden an der Langer-Eiche zum Verweilen ein.

Von hier geht man den Weg ein kurzes Stück zurück bis zum letzten breiten Abzweig in den Wald. Auf diesem wandert man leicht bergauf durch die **Fischerheide.** Von der Anhöhe ist ein schöner Blick nach unten auf die Naturverjüngungen zwischen den alten Kiefern möglich. Nach der Überquerung eines breiten, schnurgerade verlaufenden Wald-

Krampenburg

Robert Voigt eröffnete die „Krampenburg" auf dieser Landzunge 1906 als Ausflugslokal. 1916 wurde die Gaststätte durch Anbauten und kleine Hütten erweitert. Nachdem Voigt 1918 bei einem Brand im großen Saal ums Leben gekommen war, führten seine Söhne die Gastronomie weiter. Ab 1930 wurden um die Gaststätte immer mehr Gartenlauben errichtet. Die Berliner suchten die Entspannung im Grünen und fanden diese auf der schönen Landzunge. Als Berlin im Zweiten Weltkrieg Ziel der Bombenangriffe wurde, flüchteten die Familien an diesen abgelegenen Ort in ihre Lauben. 1977 wurde Voigts „Krampenburg" geschlossen. Seitdem verfällt sie zu einer Ruine.

weges führt der Weg nach wenigen Metern wieder bergauf zur **Ludwigshöhe** ❹. Nach dem Anstieg sind bereits die ersten Zäune der Ortschaft **Müggelheim** zu sehen. In einem leichten Linksbogen gelangt man entlang des Zaunes auf eine schmale asphaltierte Straße. Dort nach Nordosten (rechts) abbiegen und über den Ludwigshöheweg hinunter bis zum Müggelheimer Damm laufen. Von hier geht es mit dem Bus zurück.

Auf dieser Tour gibt es viele schöne Badestellen

Spaziergang

Start/Rückfahrt
Buslinie 169
Haltestelle Alt-Müggelheim

Länge
6 km

Dauer
2 Stunden

Kombinierbar mit
Revier Müggelheim
▸ Seite 88

Müggelheimer Forst

Spaziergang durch den Müggelheimer Forst

Dieser kleine Spaziergang ist ideal, um nach einer längeren Wanderpause wieder in Schwung zu kommen. Auf der etwa 6 Kilometer langen Strecke kann man in klarer Waldluft den Kopf lüften und die Beine wieder ans Laufen gewöhnen.

Von der Haltestelle Alt-Müggelheim läuft man ein Stück auf dem Gosener Damm in Richtung Südosten, bis auf der rechten Seite der Wald beginnt und ein Wegweiser zur **ASB-Wasserrettungsstation** in den Wald weist. Auf dem Zufahrtsweg gelangt man auf den Waldparkplatz, an dessen Ende der Wanderweg beginnt. Man spaziert vorbei an der **Försterei Müggelheim** bis zur nächsten Wegkreuzung. Dort nach Westen (rechts) abbiegen und das Gelände der Försterei umlaufen.

Nach wenigen Metern steht man am Ufer der **Großen Krampe** ❶. Wie viele Seen rund um Berlin entstand sie während der Eiszeit, als das Schmelzwasser der Gletscher abfloss und lange, schmale Rinnen in den darunterliegenden Boden schnitt. Dem Uferweg nach Süden (links) folgend, hat man immer wieder schöne Ausblicke über die Große Krampe, die heute ein Nebenarm der Dahme ist. Nach ca. 1,5 Kilometern erreicht man einen ehemaligen **Fähranleger,** von dem bloß noch eine gelbe Stange zeugt. Von dort fuhr früher die BVG-Fähre F21 nach Schmöckwitz und zur Krampenburg, die auf der anderen Uferseite steht.

Von hier wird nun der Rückweg durch den Wald angetreten ❷. Man geht den kleinen Hang hinauf und folgt dem recht zugewachsenen Fußweg in den Wald nach Nordosten. Nach einigen Hundert Metern knickt die Straße nach rechts ab und ein unbefestigter Waldweg geht geradeaus weiter. Diesem Weg wird bis zur nächsten Waldkreuzung gefolgt. Mit einem Schlenker nach rechts geht man über den kreuzenden Weg und folgt dem Waldweg bergauf ❸.

Die Große Krampe in winterlicher Stille

In den nächsten Minuten wird nun eine kleine Anhöhe erklommen. Zwischendurch kreuzt wieder ein Weg und kurz vor dem Ende der Anhöhe biegt der Hauptweg nach Norden (links) ab.

Auf dem sogenannten **Höhenwanderweg** kommt man an einem markanten Baum vorbei, an dem Fraßspuren von Schädlingen zu sehen sind. Weiter des Weges wird bald eine Kreuzung erreicht, an der fünf Waldwege zusammenführen. Dort hat man rechter Hand einen Einblick in die **Seddingrube** 4. Aus dieser Grube wurde früher der Sand abgebaut, der für den Bau von neuen Häusern in Berlin benötigt wurde. Auf Schienen wurde er zum Hafen an der Großen Krampe transportiert. Heute kann man sehr gut erkennen, wie die Natur das Areal zurückerobert.

Der Spaziergang führt weiter nach Norden (geradeaus) der **grün-weißen Markierung** nach. Schon bald trifft man auf eine vertraute Wegkreuzung an der Försterei Müggelheim. Dort schließt sich die Waldrunde wieder und man geht geradeaus weiter, zurück zum Parkplatz oder zur Bushaltestelle.

Reviere im Südwesten

Im Grunewald erwarten uns zahlreiche Naturschutzgebiete wie das Teufelsfenn oder der Barssee, weiter draußen bezaubern die Pfaueninsel und der Sacrower See. Bei Wanderungen mit Blick auf Havel und Wannsee kann man außerdem herrlich entspannen. Dazu gibt es viel Geschichte zu erleben: von den Zeugnissen des Kalten Krieges auf dem Teufelsberg bis zum ehemaligen Grenzübergang Dreilinden.

Blick auf die Lieper Buch ▸ Seite 98

Wanderung

Start
S-Bhf. Grunewald

Länge
ca. 12 km

Dauer
ca. 4,5 Stunden

Rückfahrt
U-Bhf. Krumme Lanke

Kombinierbar mit
Zum Grunewaldturm
▸ Seite 100
Revier Dachsberg
▸ Seite 150

Forst Grunewald

Durchs Herz des Grunewaldes

Der S-Bahnhof Grunewald ist ein idealer Startort für eine schöne Wanderung durch den Grunewald.

Durch den rückwärtigen Ausgang des S-Bahnhofes gelangt man auf den Schmetterlingsplatz, von dem der Schildhornweg in westlicher Richtung abgeht. Auf dem Weg kommt man über den Pappelplatz – an dem sich die Revierförsterei Eichkamp befindet – an den Zaun der Gärtnerei des Bezirksamtes Charlottenburg-Wilmersdorf. Am Ende des Zaunes biegt man nach Südwesten (links) ab, an der folgenden Weggabelung ❶ dann rechts halten. Nun geht es in Richtung **Kiesgrube**, wo sich bald der Blick über das Naturschutzgebiet der Grube öffnet.

Weiter geht's auf einem kleinen Weg entlang des Zaunes an der Kante der Grube in südwestlicher Richtung (links). Immer entlang des Zaunes bis zum westlichsten Punkt des geschützten Gebietes ❷. Dort geht es zurück auf den breiteren Waldweg, aber weiter in die gleiche Richtung nach Nordwesten bis zur nächsten Kreuzung ❸. Hier zweigt man nach Südwesten ab und folgt diesem geradlinigen Weg, bis auf der linken Seite eine große Lichtung erscheint. Das nächste Etappenziel

Kiesgrube

Die Kiesgrube entstand durch die 17 Jahre lange Gewinnung von 3,5 Mio. m³ Bausand. Die heute 18 Hektar große Grube ist an ihrer tiefsten Stelle 25 Meter tief. Dort entstand durch den Zulauf von Grundwasser ein kleiner See mit angrenzendem Sumpfgebiet. 13 Hektar dieser Fläche sind heute Naturschutzgebiet. Mehr Informationen über die dort lebenden, seltenen Tierarten gibt es auf einer Tafel direkt am Zugang der Grube.

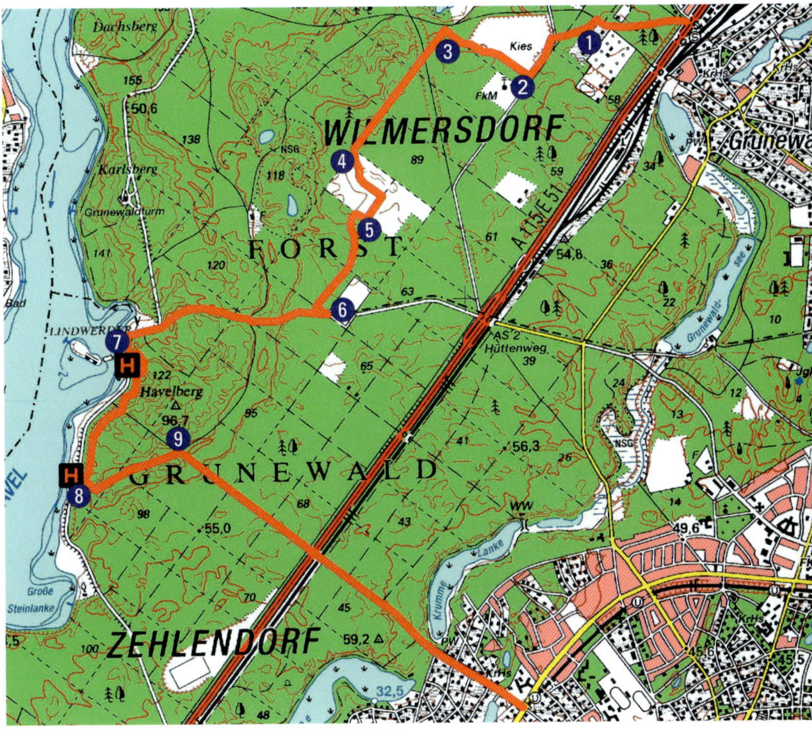

ist erreicht: das **Dahlemer Feld** ❹. Das Dahlemer Feld ist eine ca. 30 Hektar große waldlose Fläche mit einzelnen Bäumen und Sträuchern. Bis Anfang der 60er-Jahre wurde diese Fläche durch die Domäne Dahlem landwirtschaftlich genutzt. Seit 1979 ist sie als erholungswirksame Fläche ausgewiesen. In den wärmeren Monaten bietet sie einen guten Platz für ein Picknick.

Von Norden aus wird dieses Gebiet durchlaufen. Der Weg macht einen leichten Bogen nach Südosten und ungefähr in der Mitte dieser Lichtung knickt er an einer Kreuzung nach Süden (rechts) ab. Auf diesem Weg verlässt man wieder das FFH-Gebiet (Flora-Fauna-Habitat). Befindet man sich wieder im Wald ❺, geht die Wanderung auf dem gleich folgenden Weg (nicht dem Reitweg) nach rechts und nach wenigen Metern

Hier geht's bergauf zum Dahlemer Feld

sofort wieder nach links Richtung Südwesten. Dem Weg geradeaus weiter folgend gelangt man nach einiger Zeit auf einen breiten Verbindungsweg, der ebenfalls in südwestlicher Richtung (geradeaus) überquert wird. Auf dem nun folgenden Wegstück sieht man linker Hand zwischen den Bäumen einen großen Hügel. Diese künstliche Aufschüttung trägt den Namen „Die Düne". Der schmale Weg endet auf einem breiten Forstweg, auf dem es nach Südosten (links) bis an den Fuß der **Düne** ❻ geht.

Die Wanderung führt im spitzen Winkel weg von der Düne nach Westen. An der 3-Wege-Kreuzung wird der mittlere Weg, den Hang hinunter, gewählt. Das nächste Ziel ist die Lieper Bucht. Schon bald kommt man an eine große Kreuzung, an der sechs Wege zusammenkommen. Es wird der Weg gewählt, der links an der Polizei-Notrufsäule vorbeiführt. An einem Wegweiser ist auch schon die Lieper Bucht ausgeschildert. Immer weiter nach Westen, bis man plötzlich die Havelchaussee auf der rechen Seite sehen kann. Nach einem letzten Schlenker endet der Weg gegenüber dem Parkplatz **Lieper Bucht** ❼. Am Strand der Lieper Bucht sind meistens viele verschiedene Wasservögel anzutreffen, die in Erwartung eines leckeren

Düne

Die Düne entstand von März 1995 bis Dezember 1997. Unter der Düne befinden sich 26 Munitionsbunker. Nach dem Abzug der Alliierten wurde das Gebiet den Berliner Forsten rückübertragen. Ein Abriss der Bunker hätte ca. 15 Millionen Euro gekostet. So kam man auf die Idee, die Bunker mit unbelastetem Boden zu überdecken und eine Düne zu bilden. Dünen sind im Berliner Raum natürliche Landschaftsbestandteile aus der Eiszeit. Sie gehören als nährstoffarme Standorte zu den seltenen Biotopen in Berlin und Brandenburg. Viele gefährdete Tier- und Pflanzenarten finden so einen neuen Lebensraum. Also wurden die Bunker geräumt und mit Sand verfüllt. Ein Bunker wurde jedoch nur zum Teil gefüllt und dient heute über einen Lüftungsschacht Fledermäusen als Quartier.

Happens dem Wanderer auch gern schon einmal entgegenkommen.

Auf der Havelchaussee geht es nach Süden (links) bis zum Fähranleger der **Insel Lindwerder**. Von Anfang Mai bis Ende Oktober kann man sich mit der Fähre auf die Insel bringen lassen, um z.B. eine Stärkung zu sich zu nehmen. Die Tour geht nun ein Stück entlang auf dem **Havelhöhenwanderweg.** Gegenüber der Zufahrt zum Fähranleger geht es hinauf auf die Anhöhe und den Ausläufer des 97 Meter hohen Havelberges. Vom Höhenweg gibt es schöne Ausblicke über die Havel und zum anderen Havelufer nach Kladow. Nach einiger Zeit kommt man an eine große Kreuzung ❽, an der sich der Zugang zum Grunewaldgraben befindet. Auf dem schmalen Weg durchquert man das Tal, in dessen Mitte auch eine Wildschweinsuhle ist. An der nächsten großen Wegkreuzung ❾ verlässt man den Graben und folgt nun schnurgerade dem hügeligen Fischerhüttenweg in südöstlicher Richtung (rechts). Die Avus und die Bahnschienen werden durch eine Unterführung unterquert und weiter geradeaus nähert man sich der **Krummen Lanke.** Wenn man den Schutzpilz erreicht hat, verlässt man ca. 500 Meter weiter an der Krummen Lanke den Wald. Dem Fischerhüttenweg weiter folgend ist man ca. 10 Minuten später am U-Bahnhof Krumme Lanke.

Lindwerder Inselrestaurant
Havelchaussee 1
14193 Berlin
Tel. (0 30) 20 07 69 49
www.lindwerder.de
Mi–So 12–22 Uhr

Restaurant Fischerhütte am Schlachtensee
Gasthaus mit Biergarten am Zusammenfluss von Krummer Lanke und Schlachtensee.
Fischerhüttenstraße 136
14163 Berlin-Zehlendorf
Tel. (0 30) 80 49 83 10
www.fischerhuette-berlin.de
Tgl. ab 10, Biergarten ab 9 Uhr

Junger Höckerschwan in der Lieper Bucht

Wanderung

Start
S-Bhf. Grunewald

Länge
ca. 6 km

Dauer
ca. 1,5 Stunden

Rückfahrt
Bus 218 Haltestelle Grunewaldturm alle 30–120 Min.

Kombinierbar mit
Forst Grunewald
▸ Seite 96

Zum Grunewaldturm

Schöne Aussicht

Diese klassische Grunewaldtour beginnt am Schmetterlingsplatz (Westseite des S-Bahnhofes Grunewald) und führt auf direktem Weg zum Teufelssee und zum Grunewaldturm.

Vorbei an der **Revierförsterei Eichkamp,** die seit 1914 dort steht, führt der Schildhornweg weiter an den Rand der Kleingartenkolonie Grunewald und geht über in eine Kastanienallee bis zum Naturschutzgebiet im Jagen 86 (Jagen sind forstliche Flächeneinheiten, oft mit Grenzsteinen nummeriert). Dieses hochinteressante Gebiet kann man als gut gelungene Renaturierungsmaßnahme sehen, die Erholung und Naturschutz in Einklang bringt. Besonders der große **Sandberg** ❶, der die Kinder zum Spielen und Toben einlädt, ist für Schulklassen und Kitagruppen ein beliebter Ausflugspunkt und erinnert an die ehemalige Nutzung als Sandgrube.

Unweit davon stößt man auf den **Teufelssee,** der im Südwesten am ehemaligen Wasserwerk, dem heutigen Naturschutzzentrum Ökowerk, gelegen ist. Ein Abstecher dorthin ist lohnenswert. Der See gehört im nordwestlichen Teil zum Naturschutzgebiet **Teufelsfenn** und wird zum anderen als Ausflugsziel von vielen Badewilligen besucht, wobei die vorhandene Liegewiese auch von Anhängern der Freikörperkultur genutzt wird.

Nachdem der Teltower Weg ❷ überquert wurde, geht es in südwestlicher Richtung durch abwechslungsreiche jüngere Kiefernmischwälder und alte Eichen- und Buchenbestände, vorbei an markanten Altkiefern bis zu einem Findling, der den Beginn des Naturschutzgebietes Barssee / Pechsee markiert. Rechts des Weges ❸ liegt der **Pechsee,** dessen Name auf frühgeschichtliche Pechbrennerei in dieser Gegend hinweist. Folgt man den zahlreichen Hinweissteinen, gelangt man zu einer Weggabelung. Südlich geht es zum Forsthaus „Alte Saubucht" (▸ Seite 154). Westlich führt

Der Grunewaldturm mit 55 Meter Höhe ist ein Wahrzeichen im Grunewald

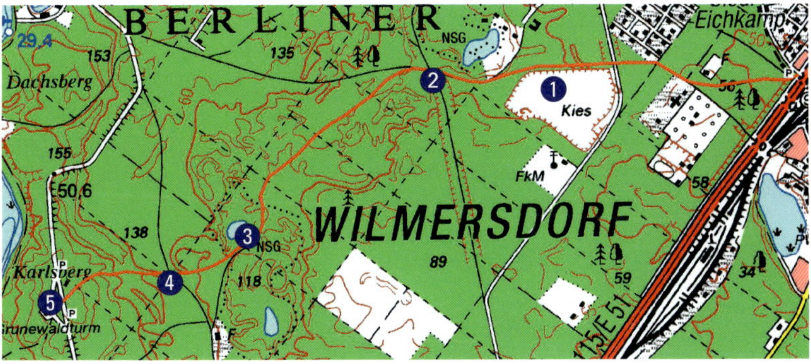

ein Weg auf eine große Wegkreuzung ❹ von acht Wegen – „die Spinne". Den Hinweissteinen folgend gelangt man nun in ein Tal, das auf der westlichen Seite der Havelchaussee auf den Karlsberg – 78,5 Meter über NN – führt. Dort steht das Ziel der Wanderung, der **Grunewaldturm** ❺.

Grunewaldturm

Der Grunewaldturm wurde durch den Landkreis Teltow, zu dem der Grunewald seinerzeit gehörte, 1897 nach dem Entwurf von Franz Schwechten gebaut. Er war zum Gedächtnis an den 100. Geburtstag von König Wilhelm I. geplant, so lautet auch die Inschrift. Der Enkel (Wilhelm II.) sprach aber schon im Einweihungstelegramm vom „Kaiser-Wilhelm-Turm" und diese Bezeichnung blieb bis 1948. Ausgeführt ist er in der typisch roten märkischen Backsteingotik. Der Sockel und die Plattform sind aus Rochlitzer Sandstein. Am Turm sind die Wappen mit dem schwarzen preußischen und dem roten brandenburgischen Adler zu sehen. Mit 55 Metern Höhe ragt der Turm weithin sichtbar in die Landschaft.
Seit der Sanierung der Treppenkonstruktion im Turminneren kann man die 202 Stufen erklimmen. Und man wird dann bei klarem Wetter durch einen weiten Blick in die **Havellandschaft** und über die Stadt belohnt. Im Südwesten sieht man bis nach Potsdam, im Westen weit über Gatow und Kladow, bis hin nach Spandau. Der Funkturm und der Fernsehturm am Alex sind nur einige markante Punkte, die unschwer zu erkennen sind.

Naturschutzzentrum Ökowerk Berlin e. V.
Führungen durch das Wasserwerk.
Teufelsseechaussee 22
14193 Berlin
Tel. (0 30) 3 00 00 50
www.oekowerk.de
Anfang März–Mitte Okt.
Mi–Fr 10–18,
Sa/So 12–18 Uhr,
Mitte Okt.–Ende Feb.
Di–Fr 10–16,
Sa/So 11–16 Uhr

Restaurant Grunewaldturm
Moderne deutsche Küche mit regionalen Produkten und hausgemachte Torten am Fuße des Grunewaldturms.
Havelchaussee 61
14193 Berlin-Wilmersdorf

Wanderung

Start
Bus 114
Haltestelle Haus der Wannseekonferenz

Länge
ca. 7,5 km

Dauer
ca. 3 Stunden
(ohne Pfaueninsel)

Rückfahrt
Bus 316 Haltestelle Glienicker Lake

Kombinierbar mit
Vier-Seen-Tour
▸ Seite 109

Revier Wannsee

An der Wasserkante

Auch zu diesem Ausflugsort reist man am besten mit dem ÖPNV an. Es sei denn, man möchte die folgende Wanderung hin und zurück laufen, dann bietet sich der Parkplatz an der Straße „Am Großen Wannsee" an.

Von der Straße folgt man dem Stichweg zum Standbild des Flensburger Löwen. Dieser Löwe steht seit 1938 hier und gilt als Siegessymbol der preußischen Truppen über die Dänen. Der Löwe wurde ursprünglich auf dem Flensburger Friedhof von den Dänen aufgestellt, als diese 1850 die Schleswig-Holsteiner besiegten.

Links (östlich) hinab zum Wannseeufer geht es weiter. Über diesen Weg erreicht man **Heckeshorn** mit einem schönen Blick über Wannsee und Havel. Vorbei an der gleichnamigen Wasserrettungsstation führt der Weg entlang des Ufers in nordöstliche Richtung. Über den Weg „Haveleck" passiert man einige kleine Sandbuchten, die nicht nur zum Sonnenbaden einladen. Am Tiefenhorn geht der Weg über in die Uferpromenade der Havel. Diese Promenade führt nach Südwesten in Richtung Pfaueninsel. Immer wieder gibt es Sichtschneisen über das Wasser nach Kladow. Auf Höhe des nördlichen Pfaueninselufers erreicht man eine große offene Bucht, in der man auf einer überdimensionierten Bank eine Rast einlegen kann. An dieser **Badebucht** ❶ steht, neben der Wasserrettungsstation im Jagen 95 (Jagen sind forstliche Flächeneinheiten, oft mit Grenzsteinen nummeriert), auch ein weiterer Toilettencontainer. Einen Kilometer weiter befindet man sich im Jagen 97 an einer kleinen Landzunge, von der aus man schon die Fähre zur Pfaueninsel sehen kann. Auch dort ist wieder ein kleiner Strand und auch wieder ein Toilettencontainer.

Fünfhundert Meter weiter steht man auf dem Vorplatz zur Fähre ❷ auf die **Pfaueninsel**. Ein Abstecher auf die Insel ist sehr zu empfehlen. Seit 1924 ist dieses zum Weltkulturerbe gehörende

Gartendenkmal auch Naturschutzgebiet. Für den Betrag von 4 Euro hat man die Möglichkeit, auf den Spuren des preußischen Königs Friedrich Wilhelm II. zu wandeln. Die Fährfahrt ist inklusive.

Da man bei dem Besuch der Pfaueninsel schnell die Zeit vergessen kann, sollte man sich überlegen, ob es noch möglich ist, die nächsten 3,4 Kilometer (ca. 1 Std.) abzulaufen oder ob man lieber mit dem auf dem Vorplatz fahrenden Bus 218 zurückfährt.

Wirtshaus zur Pfaueninsel
Traditionelle Hausmannskost und selbst gebackene Kuchen am Fähranleger zur Pfaueninsel.
Pfaueninselchaussee 100
14109 Berlin
Tel. (0 30) 8 05 22 25
www.pfaueninsel.de
Di–So ab 10 Uhr

Pfaueninsel

1793 erwarb Wilhelm II. diese 67 Hektar große Insel – damals „Kaninchenwerder“ genannt – für die Schaffung einer Gartenanlage. Ein Jahr später wurden das Schloss und die Meierei gebaut. Der Hofgärtner Fintelmann gestaltete seit 1806 das Aussehen der Insel. Zehn Jahre später nahm auch Peter Joseph Lenné Einfluss auf die Anlage. Bis 1834 gestalteten beide zusammen die Gartenanlage, wie sie bis heute noch zu bewundern ist. Die freilaufenden Pfauen sind immer wieder eine Attraktion für die Besucher der Insel.

Fähre zur Pfaueninsel
Nov.–Feb. 10–16 Uhr,
März und Okt. 9–18 Uhr,
Apr. und Sep. 9–19 Uhr,
Mai–Aug. 9–20 Uhr

Uferweg an der Havel

Auf dem Festland führt der Weg weiter nach Südwesten am Ufer entlang. Der Weg hat sich deutlich verbreitert und ist in Fuß- und Radweg unterteilt. Auch hier gibt es immer wieder Sichtschneisen über die Havel nach Brandenburg. Die Wanderung geht unterhalb von **Nikolskoe** und der Kirche St. Peter und Paul ❸ vorbei. Auf der anderen Uferseite ist immer deutlicher die Sacrower Heilandskirche zu sehen. Entlang der Wasserkante geht es in eine Bucht, an deren tiefster Stelle das „Wirtshaus Moorlake" zu finden ist.

Wirtshaus Moorlake
Regionale Spezialitäten sowie hausgemachte Kuchen und Torten.
Moorlakeweg 6
14109 Berlin-Wannsee
Tel. (0 30) 8 05 58 09
www.moorlake.de
Mi–Mo ab 11 Uhr

Auf der anderen Seite der Bucht entfernt man sich von der „Moorlake" und erreicht nach einiger Zeit das Krughorn. Hier endet der Berliner Wald und man betritt den **Volkspark Klein-Glienicke.** Durch das Jägertor ❹ kann der 120 Hektar große Volkspark Klein Glienicke aus nördlicher Richtung betreten werden. 1814 kam der preußische Staatskanzler Karl August Fürst von Hardenberg in den Besitz des Gutes Glienicke. 1816 begann Lenné mit der ersten Gestaltung der Parkanlage. Dieser Park wurde 1824 von Prinz Karl von Preußen gekauft. Die Gestaltung des Landschaftsparks erfolgte durch Hofbaumeister Karl Friedrich Schinkel und erneut durch Peter Joseph Lenné.

Die Wanderung führt jedoch nicht hinein in den Park, sondern bleibt am Wasser. Auf diesem

Weg öffnet sich der Blick auf das Wasser und dahinter auf Potsdam.

Weiter südlich erscheint die Befestigungsanlage des dahinter liegenden Maschinen- und Gärtnerhauses. Nach weiteren Minuten steht linker Hand das Hirschtor, durch das man den Park aus Westen kommend begehen kann. Sieht man etwas später ein grandioses Bauwerk auf der linken Seite, steht man vor dem **Casino** ❺, das im italienischen Pavillon-Stil ebenfalls von Schinkel in den Jahren 1824–25 errichtet wurde. Von hier aus sieht man die **Glienicker Brücke,** die Berlin und Potsdam verbindet und einen nicht weniger bedeutenden geschichtlichen Hintergrund hat.

Erreicht man die Königstraße, steht man direkt an der Rotunde der **Großen Neugierde.** Auch diese wurde von Karl Friedrich Schinkel im Jahre 1835 erbaut. Vorbild für das zylindrische Oberteil mit Dreifuß war das Monument des Lysikrates in Athen. Der Pavillon wurde von Schinkel als Tee- und Ruheplatz errichtet – mit Blick auf die Brücke und über den Tiefen See bis zum Schloss Babelsberg. Heute ist auf Grund des hohen Verkehrsaufkommens dieser Platz sicher kein Ruheplatz mehr und so findet die Wanderung hier ihr Ende. Man kann mit dem Bus 316 wieder zurück zum S-Bahnhof Wannsee fahren.

Am besten getarnt zwischen bunten Blumen: Pfau auf der Pfaueninsel

Spaziergang

Start
S-Bhf. Wannsee

Länge
ca. 5 km

Dauer
ca. 2 Stunden

Rückfahrt
Bus 118 Haltestelle Hubertusbrücke

Kombinierbar mit
Vier-Seen-Tour
▸ Seite 109
Revier Dreilinden
▸ Seite 126

Düppeler Forst

Ein Kneippspaziergang

Dieser 5 Kilometer lange Spaziergang kann bei Bedarf mit dem Ausflug Vier-Seen-Tour ganz einfach auf eine 9 oder 10 Kilometer lange Wanderung ausgeweitet werden.

Gestartet wird am S-Bahnhof Wannsee in südliche Richtung auf dem Kronprinzessinnenweg bis zur Potsdamer Chaussee. Die Chaussee führt unter den Bahntrassen hindurch, direkt hinter der Unterführung biegt man nach Südwesten (rechts) in den Stahnsdorfer Damm ein. Parallel zu den Gleisen verläuft die Straße bis zu einem eingezäunten roten Gebäude. An diesem führt linker Hand ein sandiger Weg aufwärts ❶ in den **Düppeler Forst.** Diesem Weg wird gefolgt.
Kaum führt die Strecke wieder parallel an den Schienen entlang, zweigt nach links ein schmaler Pfad ❷ ab, auf dem man zum Kurfürstenweg gelangt. Auf diesem deutlich breiteren Weg geht es nach Südwesten bis zum Bürgermeister-Stiewe-Weg. An diesem Abzweig befinden sich auch die Feuchtwiesen **Tatarenteich** ❸ beziehunsweise Tatarenfenn – ein Eldorado für Wildschweine, was unschwer zu erkennen ist. Vorbei an diesem beruhigten Gebiet geht es weiter über den ausgeschilderten Bürgermeister-Stiewe-Weg in westliche Richtung.

Auf diesem Weg geht es zurück an die Bahntrasse, die jedoch schnell wieder verlassen wird. An einem rechter Hand liegenden Jagenstein mit der Nummerierung „59“ und „29“ (Jagen sind forstliche Flächeneinheiten, oft mit Grenzsteinen nummeriert) geht es nach Süden (links) weg von den Schienen.

Nach 400 Metern wird ein breiter Weg erreicht ❹, der mit der Wegmarkierung „blauer Balken auf weißem Grund“ gekennzeichnet ist. Diesem Weg wird in südwestlicher Richtung gefolgt. Nach einigen kleineren Wegkreuzungen erscheint auf der linken Seite ein Schutzpilz und daneben eine Handpumpe. Dort be-

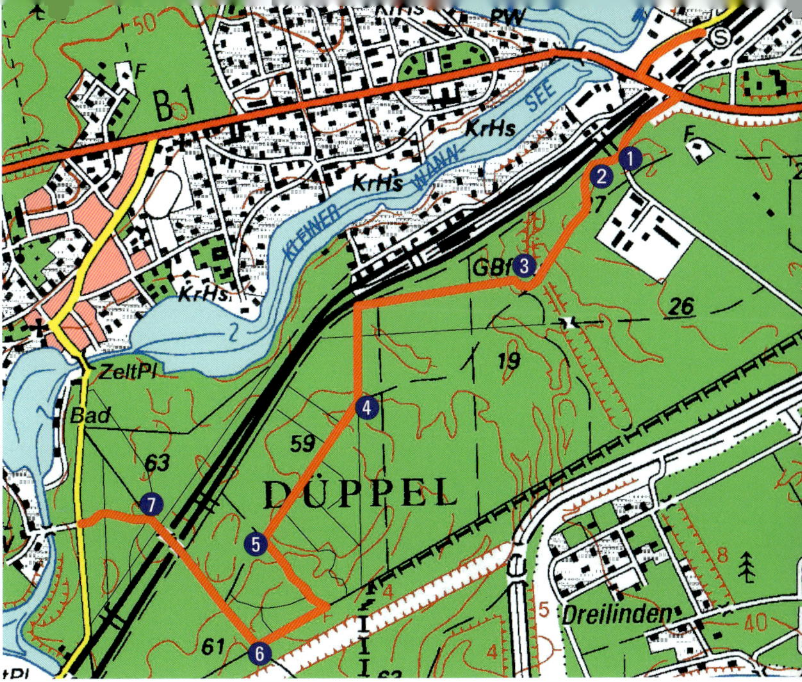

findet sich der **Kneippbrunnen.** Mit Hilfe der Handpumpe kann man über eine kleine Steinanlage Wasser in ein kleines Becken pumpen. Wer Lust hat, kann sich darin die Füße kühlen. Nach einer Pause geht es weiter auf dem gleichen Weg. Schon nach einigen Minuten erreicht man das Naturschutzgebiet **Großes Fenn** ❺, das durch das dreieckige Schild mit der Eule gekennzeichnet ist. An dieser Kreuzung zweigt man nach Südosten (links) ab.

Bereits nach wenigen Metern verzweigt sich der Weg erneut. Man hält sich links. Hier geht es nun bis zum Ende auf den Königsweg, auf dem dann nach Südwesten (rechts) abgebogen wird. Der Königsweg führt geradewegs bis nach Kohlhasenbrück. Diese Wanderung führt jedoch nur ein Stück darauf bis zum Gedenkstein von Siegfried Geisler, der von 1907 bis 1943 Revierförster in diesem Forst war.

Zusätzlich gibt es eine weitere Attraktion an dieser Kreuzung. Dort steht nämlich auch die **dickste Kiefer** des Reviers Dreilinden ❻. Diese sehr

Der dickste Baum im Revier Dreilinden: eine Königskiefer

charakteristische, etwa 150 Jahre alte Kiefer gehört nach genetischen Untersuchungen zu den originalen Havelkiefern. Dort befindet sich auch eine kleine Schutzhütte, die zum Verweilen einlädt.

An dieser Kreuzung wird dann auch wieder der Königsweg in nordwestlicher Richtung (rechts) verlassen. Nun befindet man sich auf dem Teerofenweg, der in die entgegengesetzte Richtung nach Albrechts Teerofen führt.

Auf diesem Weg kommt man nun erneut am NSG Großes Fenn vorbei und stößt dann auf die Unterführung der Eisenbahntrassen. Nach der Durchquerung zweier Brücken öffnet sich schon bald auf der linken Seite der Blick zwischen den Bäumen auf eine schöne Lichtung. An der dortigen Kreuzung zweigt man nach Westen (links) ab ❼. Achtung! Bitte nicht ganz nach Südwesten (links) abbiegen, sondern den gleich wieder abgehenden Weg nach Westen einschlagen! Auf diesem gelangt man nun direkt auf die Kohlhasenbrücker Straße und damit auch an das Ende dieses Spazierganges. Wie anfangs erwähnt, gibt es nun mehrere Möglichkeiten:

1. mit dem Bus der Linie 118 von der Haltestelle „Hubertusbrücke" zurückzufahren.

2. dem Ausflugstipp Vier-Seen-Tour (▸ Seite 109) direkt am Prinz-Friedrich-Leopold-Kanal in nördlicher Richtung zurück zum S-Bahnhof Wannsee zu folgen. Dadurch würde sich der Ausflug um 4 Kilometer verlängern.

3. den Ausflugstipp Vier-Seen-Tour über die Hubertusbrücke (▸ Seite 109) in westlicher Richtung zur Erweiterung dieses Ausfluges zu nutzen. Dadurch würde sich die Wanderung um weitere 5 Kilometer verlängern.

Vier-Seen-Tour

Vom Kleistgrab zum Böttcherberg

Gleich vier Seen lernt man auf der Tour vom Wannsee über die Hubertusbrücke nach Klein Glienicke kennen.

Vom S-Bahnhof Wannsee kommt man nach wenigen Minuten in südlicher Richtung auf die Potsdamer Chaussee, von der die Bismarckstraße direkt an der Eisenbahnbrücke abzweigt. Auf der Bismarckstraße findet man den Hinweis auf das **Kleistgrab** ❶. Auf dem mit Eiben gesäumten Weg erreicht man in einer wildromantischen Parkanlage, auf dem halbem Weg zum Wasser, das Grab und den Gedenkstein von Heinrich von Kleist und seiner Freundin Henriette Vogel, die am 21. November 1811 hier am Ufer des **Kleinen Wannsees** den Freitod gewählt haben.

Nach diesem Abstecher geht es weiter auf der Bismarckstraße, vorbei an beeindruckenden Villen, bis zum Zugang in den Wald. Die Verlängerung der Bismarckstraße bildet den Hauptweg, auf dem nach einiger Zeit ein Weg von rechts an einer kleinen Sitzbank endet. Vorbei an diesem erscheint schon bald ein neuer Abzweig nach Westen (rechts) ❷, der direkt an den **Pohlesee** führt. Dieser Weg, dem man nun entlang des Wassers folgt, trägt den Namen „Sieben-Raben-Weg". Immer wieder hat man den Blick auf den Pohlesee. Am Ende verjüngt sich der See zu einem Kanal. Nun läuft man entlang des ersten Teiles des **Prinz-Friedrich-Leopold-Kanals** und erreicht die Kohlhasenbrücker Straße. Nach Überquerung der Straße in südlicher Richtung geht es auf der anderen Seite wieder hinein in den Wald.

Der Verlauf des weiteren Weges ist direkt am Eingang des ehemaligen Restaurants „Stölpchensee" zu finden. Links neben der Zufahrt befinden sich Treppen nach oben, denen man bitte folgt. Am Ende der Treppen trifft man auf einen Weg, der entlang der Grundstückszäune führt. Am letz-

Wanderung

Start
S-Bhf. Wannsee

Länge
ca. 9 km

Dauer
ca. 3,5 Stunden

Rückfahrt
Bus 316 Haltestelle Schloss Glienicke

Kombinierbar mit
Revier Wannsee ▸ Seite 102
Düppeler Forst ▸ Seite 106
Revier Dreilinden ▸ Seite 126

Karte ▸ Seite 111

Abstieg vom Böttcherberg

ten Grundstück dem Weg mit der Markierung „gelber Balken auf weißem Grund“ in den Wald folgen. An der nächsten Weggabelung, auf der ein Holzstrommast steht, geht es nach Westen (rechts) an den zweiten Teil des Prinz-Friedrich-Leopold-Kanals. Der Uferweg stößt auf den Stölpchenweg, auf dem man über die **Hubertusbrücke** ❸ die andere Uferseite erreicht.

Nach der Brücke zweigt unser Weg in südlicher Richtung links ab und führt im Bogen nach Westen (rechts). Dieser Weg namens „Rehweg“ gabelt sich bereits nach einigen Metern wieder nach Süden (links). Der geradlinige Verlauf würde hinauf auf die Tannenberge führen, wo sich früher die Mülldeponie Wannsee befand. Der Weg nach Süden führt auf die **Griebnitzseepromenade,** auf der die Wanderung fortgesetzt wird. Über diese Wald-Ufer-Promenade kommt man an den südlichsten Punkt der Wanderung ❹, von wo aus man einen schönen Blick über den **Griebnitzsee** hat. Nach der Umrundung geht es immer am Ufer entlang nach Nordwesten. Rechter Hand verlaufen nun erst die Tannenberge und später der Hirschberg mit einer Erhebung von 90 Metern.

Die Promenade geht über in die Griebnitzstraße ❺, die auf der Wannseestraße endet. Dort bitte nach Norden (rechts) gehen und nach ca. 150 Metern links in den Trampelpfad vor den Glascontainern einbiegen. Hier, mitten im Potsdamer Ortsteil Klein-Glienicke, war übrigens während der Zeit der deutschen Teilung die „schmalste Stelle der DDR“: Links (nördlich) der Wannseestraße sperrte die Mauer den Zugang zum West-Berliner Böttcherberg ab, rechts riegelte die Mauer den Zugang zum ebenfalls zu West-Berlin gehörenden Waldgebiet des Düppeler Forstes ab.

Der Trampelpfad vor den Glascontainern führt hügelaufwärts zu einem Waldweg, der sich den Berg hochschlängelt. Dieser Weg ist mit einem grünem Punkt auf weißem Grund markiert. Hat der Weg seinen höchsten Punkt erreicht, ist an einer Weggabelung nach Westen (links) zwischen den Bäumen ein Haus zu sehen. Über diese Abzweigung erreicht man die **Loggia Alexandra** ❻.

Die Loggia Alexandra ist 1869–70 zur Erinnerung an die Zarin Alexandra Feodorowna von ihrem Bruder Prinz Carl von Preußen gebaut worden. Im Inneren sind Mosaike und Wandmalereien zu bewundern.

Vom 66 Meter hohen Böttcherberg geht es in nordwestlicher Richtung hinab zur Königstraße. Der Waldweg geht hinunter bis zu einer T-Kreuzung, an der man nach Südwesten (links) weitergeht. Dieser Weg führt in einem leichten Rechtsbogen auf die Königstraße. Auf ihr geht es nach Westen (links) in Richtung Potsdam bis zur nächsten Haltestelle am Schloss Glienicke. Von hier aus kommt man zurück zum S-Bahnhof Wannsee.

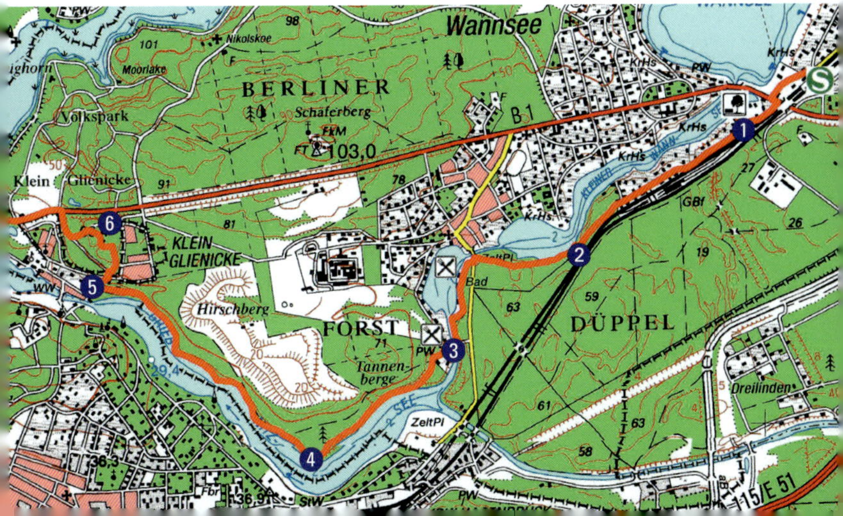

Wanderung
Schifffahrt & Baden

Start
S-Bhf. Wannsee

Länge
ca. 8,5 km

Dauer
ca. 3,5 Stunden

Rückfahrt
Bus 135, 638 Haltestelle Außenweg

Kombinierbar mit
Staaken – Gatow
▸ Seite 117

Revier Gatow

Eine Seefahrt, die ist lustig …

Start des Ausflugs ist der Anleger Wannsee. Von hier fährt die „MS Wannsee" zu jeder vollen Stunde nach Kladow. Nach etwa 20 Minuten erreicht man den Anleger Kladow, wo die Wanderung beginnt.

Kladow war einst eine slawische Siedlung, die um 1300 das erste Mal urkundlich erwähnt wurde. Bis 1920 war diese Siedlung im Besitz des Spandauer Benediktinerinnenklosters und wurde dann dem Bezirk Spandau eingegliedert.

In nördlicher Richtung (rechts) gelangt man über die Imchenallee – vorbei am Wasserwerk – zum Tor des **Gutshofes Neu-Kladow** ❶. Vor dem Tor führt der Weg nach rechts entlang der Gutsmauer. An seinem Ende geht es nach links durch einen kleinen Torbogen und der Blick öffnet sich

Gutshof Neu-Kladow

Der Gutshof gehörte 1799 dem preußischen König Friedrich Wilhelm III., der das Anwesen seinem Kabinettsrat Anastasius Ludwig Mencken überließ. Die Tochter des Kabinettsrates, Wilhelmine Luise, heiratete übrigens Ferdinand von Bismarck und bekam einen Sohn namens **Otto von Bismarck**. Nachdem 17 Besitzer die Gutsanlage heruntergewirtschaftet hatten, wurde unter der Familie Guthmann die komplette Anlage zwischen 1909 und 1912 überarbeitet. Es entstehen die Torhäuser, Naturtheater, Gartenpavillon und die Parkmauer. 1929 kauft die Stadt Berlin den Gutshof und 1932 geht er in Reichsbesitz über. Es werden Baracken gebaut, die als Lazarett dienen. Nach Ende des Zweiten Weltkrieges wurde die Anlage bis 1995 als Erholungsheim der Arbeiterwohlfahrt genutzt. 1995 wurden die Bauten und die Parkanlage unter Denkmalschutz gestellt. In den vergangenen Jahren wurde der Großteil der verfallenden Baracken abgerissen.

BVG-Fähre F10
Wannsee–Kladow im Winter stündlich bis ca. 19, im Sommer bis ca. 21 Uhr.
Wer einen gültigen Fahrschein der BVG/ S-Bahn besitzt, für den ist die Schifffahrt inklusive. Auf der Fähre können Fahrräder mitgenommen werden.

Gatow
Kladow
HAVEL
SCHWANENWERDER
IMCHEN
Quastenhorn
Gr. Tiefehorn
PFAUENINSEL
GROSSER
WANNSEE
Wannsee
BERLINER
GATOWER
HEIDE
ehemaliger Flugplatz
Berlin-Gatow
Breite-
horn
Windmühlenberg
Glienicke
Nikolskoe
Große
Steinlanke
Klare
Lanke
Spanische
Kies

In der Bucht Kladow legt die Fähre an

in die Parkanlage mit ihren Obstbäumen. Dem Weg folgend, vorbei unterhalb des Herrenhauses, geht es über eine Holzbrücke, nach der man auf den früheren britischen Jachtclub stößt. Auf der linken Seite wird das Gelände umrundet und am Ende des Zaunes zweigt der weitere Wegverlauf vom Hauptweg über eine Wiese nach rechts ab. Über diesen Weg erreicht man bald das Ernst-Liesegang-Ufer. Der Uferweg schlängelt sich entlang der Wasserkante zum **Breitehorn** 2.

Wer sich nun eine kleine Erfrischung in der Havel gönnen möchte, kann nach der Wegbiegung den **Badestrand** nutzen. Zurück am Restaurant überquert man den dortigen Parkplatz in Richtung Westen und erreicht die Zubringerstraße. Am linken Rand des Parkplatzes befindet sich gegenüber der Einfahrt auf den Campingplatz der Zugang in den Wald. Nach einem kurzen Anstieg erreicht man rechter Hand eine mächtige Kastanie (Naturdenkmal). Der Wanderweg geht nach der Böschung zwischen dem Zaun, der Kastanie und einer einfachen Holzbank mit Tisch geradewegs weiter.

Der Weg führt auf den umgangssprachlich „Krankenkassenweg" genannten Pfad ❸, dem man nach Nordwesten (rechts) folgt. Dieser Weg bekam seinen Namen durch die Nutzung der Anwohner, die über diesen Weg die Zweigstelle einer Krankenkasse erreichten.

Der Weg würde direkt auf dem Kladower Damm enden. Doch ca. 150 bis 200 Meter vorher geht man nach Norden (rechts), bis man auf den Breitehornweg trifft, auf dem man nach Nordwesten (links) den Kladower Damm erreicht. Hier gibt es die Möglichkeit, mit dem Bus 134 die Tour abzubrechen und zurück ins Zentrum von Kladow oder in Richtung Spandau zu fahren.

Die Wanderung geht weiter über die Zufahrt zur **Försterei Gatow,** die sich etwa 50 Meter nördlich der Kreuzung befindet und nach Westen (links) abgeht ❹. Vorbei an der Försterei gelangt man, ca. 100 Meter weiter, an der nächsten breiten Abzweigung nach Norden (rechts) auf die „Hellen Berge". **Helle Berge** nennt sich diese Erhebung im Hohengatow, da bei der früheren Beweidung der helle Sand des Bodens sichtbar war.

Nach der „Überwindung" des „Berges" zweigt die Tour an der nächsten großen Kreuzung nach Westen (links) auf das „Voglersche Gestell" ❺ ab. Herr Vogler war der Namensgeber des Weges. Er war der ehemalige Wirt der „Waldhütte", die sich am östlichen Ende dieses breiten Weges befand. An der Wegkreuzung stehen wieder eine einfache Holzbank und ein Tisch. Der Wanderweg führt auf dem Voglerschen Gestell bis zum Zaun des ehemaligen britischen **Flughafens Gatow**.

Am Ende des Weges geht man nach Norden (rechts) ein kurzes Stück am ehemaligen Flughafen entlang. Der Weg macht eine Biegung nach Westen (links), vorbei an einer Schutzhütte, und führt auf der „Lentonallee" (Lenton war ein britischer Militärangehöriger) direkt auf den „Groß Glienicker Weg" ❻.

Auf der anderen Straßenseite geht die Wanderung wieder in den Wald und führt nach wenigen Metern auf eine Wegkreuzung, auf der der äußerste rechte Weg nach Norden gewählt wird. Nach ca. 500 Metern mündet der Weg in einen

Imchenallee in Kladow

Flughafen Gatow

Der Flugplatz wurde 1935 von den Nationalsozialisten gebaut. Die Luftkriegsschule 2 und die Luftkriegsakademie der Deutschen Luftwaffe waren dort untergebracht und bildeten die wichtigsten Ausbildungszentren der Luftwaffe. Im Mai 1945 wurde der Flughafen von der Roten Armee besetzt, zwei Monate später dann im Zuge des Gebietsaustausches an die britische Royal Air Force übergeben. 1946 fand der erste Linienflug Berlin–Hamburg–London mit einer DC-3 der BEA statt. Der zivile Flugverkehr wurde allerdings bald nach Tempelhof verlagert. Während der Berlin-Blockade nahm der Flugplatz Gatow eine wichtige Rolle bei der Versorgung von Westberlin ein: Am 28. Juni 1948 landete hier das erste Transportflugzeug der Luftbrücke. Am 18. Juni 1994 zogen sich die Alliierten aus Berlin zurück und am 7. September 1994 übernahm die Bundeswehr dieses Gelände. Seit 1995 ist der Flugverkehr eingestellt und auf dem Gelände befinden sich heute die General-Steinhoff-Kaserne und das **Luftwaffenmuseum Flugplatz Gatow**.

baumlosen Platz ❼, der halbrechts in nordöstlicher Richtung überquert wird.

An einem Maschendrahtzaun entlang führt die Wanderung weiter nach Westen. Hinter dem Wildzaun befindet sich Bauernwald und der Campingplatz des Bauern Wolte. Entlang des Zaunweges erreicht man eine Böschung, an der der Weg nach Süden (links) abbiegt und bis zur Siedlung Habichtswald/Außenweg führt. Schon gleich nach dem Erreichen dieser Siedlung geht es nach Nordwesten (rechts) auf dem breiten Weg namens „Außenweg“ bis zur Potsdamer Chaussee, wo das Ende der Wanderung erreicht ist. Von dort fährt man mit dem Bus 135 zum Rathaus Spandau oder zurück nach Kladow. Vom Ortskern geht es hinunter zur BVG Fähre, die stündlich von Kladow nach Wannsee zurückfährt.

Von Staaken nach Gatow

Durch die Seeburger Fichten

Vorbei am Hahneberg geht es über Brandenburger Gebiet durch die Groß-Glienicker Heide nach Gatow. Endpunkt der Wanderung ist Alt Gatow.

Heerstraße Ecke Buschower Weg ist der Startpunkt für die Wanderung. Direkt am Beginn des Buschower Weges befindet sich auch der Friedhof Staaken, an dem jedoch in südlicher Richtung vorbeigegangen wird. Dieser Weg endet direkt an der Stadtgrenze von Berlin. Von dort hat man einen ersten freien Blick über die Felder von **Seeburg**. Dem Weg ❶ nach Westen (rechts) folgen. An der nächsten Straße („Im Grund") vorüber gehen, bis der Wald wieder anfängt. Direkt an der Waldkante nach Süden (links) abbiegen. Auf diesem Trampelpfad geht es nun bis zur Waldspitze. Unterwegs sieht man linker Hand den **Hahneberg**.

An der Waldspitze angekommen verzweigt sich der Weg in drei Richtungen. Die Wanderung geht weiter in südöstlicher Richtung (geradeaus) ❷ hinaus auf die Felder. Vorbei an einer dichten Bauminsel, die in einer kleinen Senke

Hahneberg

Der auf natürliche Weise entstandene Hahneberg ist 67 Meter hoch. Jedoch wird heute eher der 87 Meter hohe künstliche „Neue Hahneberg" als Hahneberg betitelt. Der Neue Hahneberg ist aber kein Trümmerberg wie zum Beispiel der Insulaner in Steglitz-Zehlendorf oder der Teufelsberg in Wilmersdorf-Charlottenburg. Einst gab es an dieser Stelle eine Kiesgrube, die mit Bauschutt und Bodenaushub erst zugeschüttet und dann aufgeschüttet wurde. Der Berg wurde später mit Erdreich bedeckt und ist seit 1977 Naherholungsgebiet an der Grenze zu Brandenburg.

Wanderung

Start
Bus M49 Haltestelle Buschower Weg

Länge
ca. 8 km

Dauer
ca. 2,5 Stunden

Rückfahrt
Bus X34, 134 Haltestelle Gatow Kirche

Kombinierbar mit
Revier Gatow
▸ Seite 112

Karte ▸ Seite 118

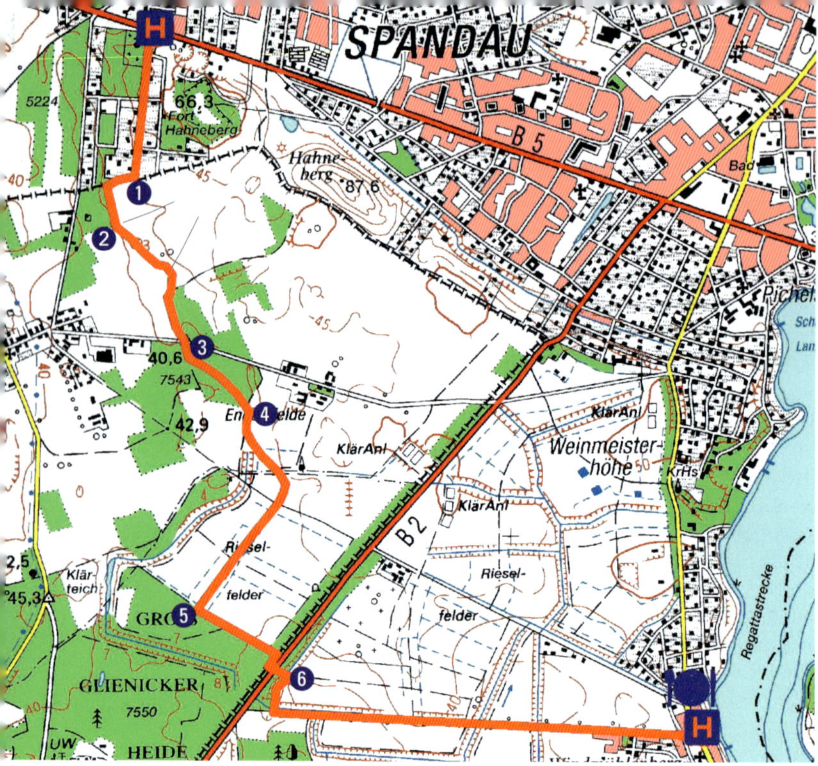

liegt, geht es bis zur nächsten Wegekreuzung, wo auch wieder der Wald beginnt. Das Waldstück ist eines der zahlreichen kleinen Waldflächen in Brandenburg, die zu den Berliner Forsten gehören. Ca. 13 000 Hektar Wald in Brandenburg sind im Besitz der Berliner Forsten.

Ein leichter Schwenk nach rechts führt die Wanderung nun wieder in südliche Richtung an der Waldkante entlang bis zur Engelsfelder Chaussee ❸. Nach der Überquerung geht es auf der anderen Straßenseite nun direkt in den Wald. Schon nach wenigen Metern gabelt sich der Weg. Dort wird der linke Weg gewählt und diesem folgt man ein ganzes Stück, bis sich nach knapp einem Kilometer die Landschaft wieder öffnet. Dort befindet sich auch ein Hochsitz. Die Tour geht weiter in südwestliche Richtung (schräg rechts) ❹ und verläuft in einer langgezogenen Linkskurve bis zu den ehemaligen Rieselfeldern der **Groß-**

Glienicker Heide. Es wird dem schnurgeraden Weg quer durch dieses Heidegebiet gefolgt.

Die Rieselfelder bestehen schon seit 1888 und gehörten zum Gut Karolinenhöhe. Seit einigen Jahren sind die Rieselfelder nicht mehr in Betrieb. Nach Abtragung des „verseuchten" Bodens ist das Gebiet der **Gatower Rieselfelder** zum Landschaftsschutzgebiet geworden.

Erreicht man nach einigen Kreuzungen wieder den Waldrand ❺, geht man nach Südosten (links) bis zur Potsdamer Chaussee. Dieses Waldgebiet wird auch als Groß-Glienicker Heide bezeichnet und gehört ebenfalls zu den Flächen der Berliner Forsten. Hat man die Chaussee erreicht, geht man ein kurzes Stück nach Südwesten (rechts) um auf der anderen Straßenseite, auf dem nächsten Waldweg, nun wieder auf Berliner Stadtgebietsflächen weiterzuwandern. Schon nach ca. 100 Metern stößt man auf einen asphaltierten Rad- und Fußweg ❻. Diesem in südlicher Richtung (rechts) folgen. An der nächsten Wegkreuzung überquert man den Teufelsgraben, an dessen Uferböschung ein Weg schnurgerade nach Osten (links) in Richtung Gatow führt.

Der **Teufelsgraben** ist die Verbindung zwischen dem Klärteich von Seeburg und der Havel. Auf dieser Strecke geht es dann durch das Landschaftsschutzgebiet bis zur Melsunger Straße in Gatow. Zurück in der Zivilisation läuft man nun bis zum Ende der Straße und biegt nach rechts in die „Buchwaldzeile" ein. An der nächsten Ecke schwenkt man nach links in die Plievierstraße und erreicht die Straße Alt Gatow. Ein kurzer Abstecher zur Dorfkirche Gatow, bevor man zurück in der Buchwaldzeile in „Hannes Café" eine Stärkung zu sich nehmen kann. Von der hinter der Kirche liegenden Haltestelle kann man mit einem der Busse wieder zurück aus dem ländlichen Berlin in die Großstadt Berlin fahren.

Hannes Café
Selbst gebackene Kuchen und kleine Gerichte in gemütlichem Ambiente.
Buchwaldzeile 49
14089 Berlin
Tel. (01 77) 2 99 70 59
Sa/So 11–18 Uhr

Blick über die Felder auf den Hahneberg

Radtour
Wanderung

Start
S-Bhf. Blankenfelde

Länge
18 km

Dauer
2,5 Stunden

Rückfahrt
S-Bhf. Lichtenrade

Diedersdorfer Heide

Tour mit Weitblick – durch die Diedersdorfer Heide

Die Radtour führt von Blankenfelde durch reizvolle kleine Waldoasen und weite Felder vorbei am Schloss Diedersdorf. Zurück geht es dann über den Mahlower Badesee nach Berlin-Lichtenrade. Zur richtigen Jahreszeit kann man sich unterwegs den Bauch mit Kirschen vollschlagen.

Gestartet wird am S- und Regionalbahnhof Blankenfelde in Richtung Westen (rechts) und erneut rechts auf dem Mozartweg. Der Mozartweg, der nur zu Fuß oder mit dem Fahrrad zu nutzen ist, endet auf der Karl-Liebknecht-Straße. Dort wendet man sich nach Norden (rechts) und schon nach wenigen Metern wird westlich (links) in den Fritz-Reuter-Weg eingebogen. Auch dieser Weg ist verkehrsberuhigt und man erreicht bald den Berliner Damm. Gegenüber befindet sich nun der **evangelische Waldfriedhof** mit einem sowjetischen Ehrenmal ❶. Wer möchte, kann einen kurzen Abstecher auf den Friedhof machen.

Die Tour geht weiter in Richtung Norden (rechts) auf dem **Berliner Damm** – hinein in den Wald. Bereits am nächsten, westlich (links) abgehenden Waldweg verlässt man wieder die Straße und radelt auf diesem schattigen Weg bis zur nächsten großen Kreuzung. Dem querenden Weg wird nach Norden (rechts) gefolgt. Das kleine Waldstück, welches dort durchradelt wird, steht unter der Obhut der Berliner Forsten.

Nach einiger Zeit teilt sich der Weg und man fährt links weiter. Der Weg führt in einer Kurve nach Westen (links) und endet am Rande des Waldstückes. Der Blick über **die weiten Felder** verführt unwillkürlich zu einer kurzen Pause ❷.

Von dort fährt man nach Südwesten (links) an der Waldkante entlang, wo schon bald einige Stelen auf das Areal des besuchenswerten Gedenkorts **„Ausländerkrankenhaus Mahlow"** aufmerksam machen. Später gelangt man über eine Freifläche bis zum Ver-

Tipp zur Radtour:
Ein anspruchsvolles Teilstück über 1 Kilometer ist ein eng bewachsener Pfad. Lange Beinbekleidung ist dafür empfehlenswert.

Gedenkort „Ausländerkrankenhaus Mahlow"
Durch neun Stelen mit Zeitzeugenberichten, Dokumenten und Fotos wird an die Geschichte des „Ausländerkrankenhauses" erinnert, in dem NS-Zwangsarbeiter/innen von 1942–45 unter geringstem medizinischem Aufwand wieder „arbeitsfähig" gemacht werden sollten.
Karl-Marx-Straße 4
15827 Blankenfelde-Mahlow
Tel. (0 33 79) 33 30
www.gedenkort-mahlow.de

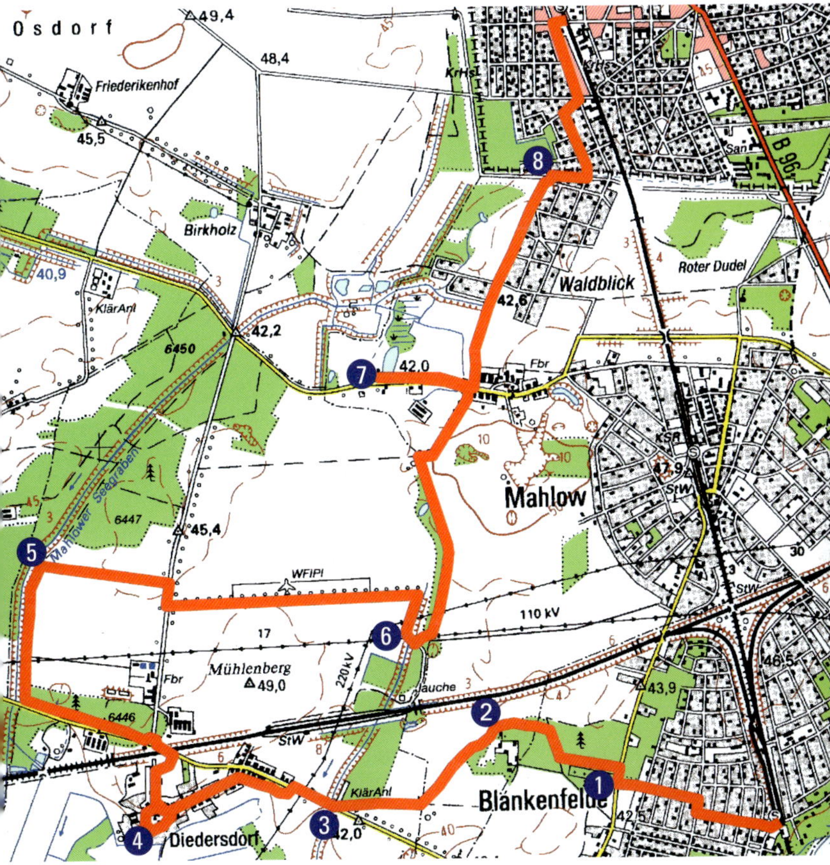

bindungsweg zwischen Blankenfelde und Diedersdorf. An dieser Stelle biegt man in einem leichten Rechtsbogen nach Westen ab und folgt nun einer **Allee mit Kirschbäumen** bis zur Blankenfelder Chaussee ❸. Auf dem Radweg, der parallel zur Straße verläuft, passiert man nach wenigen Minuten das Ortseingangsschild **Diedersdorf (Großbeeren).**

Auf der linken Straßenseite biegt man in den Buschweg ein, fährt bis zur verkehrsberuhigten Straße Am Plan, dort dann rechts. Durch eine Eigenheimsiedlung gelangt man schließlich auf die alte Dorfstraße. Auf ihr geht es nach Südwesten (links) Richtung Dorfanger. Dabei kann man teilweise

Weitblick über die Felder ist bei jedem Wetter schön

Dorfkirche Diedersdorf

Die Kirche wurde im 14. Jahrhundert als schlichte Rechteckkirche errichtet. In den folgenden Jahrhunderten erfuhr die Kirche einige Umbauarbeiten. Zum Beispiel wurde 1710 bis 1712 die Kirche um den Glockenturm erweitert. Im Turm schlägt noch heute die größte und älteste Glocke von Heinrich Borsselmann, im Jahre 1592 in Magdeburg gegossen. 1976 musste die Kirche aus baulichen Gründen geschlossen werden. Bis 1980 wurde aufwendig saniert und restauriert. 1996 musste das Dach des Glockenturms, auch „Turmhelm" genannt, abgehoben werden, da der marode Turm drohte, unter der Last einzustürzen. 1999 wurde der Turm neu aufgebaut und seit Februar 2000 steht die Kirche wieder für ihre eigentliche Nutzung zur Verfügung.

sehr liebevoll restaurierte Höfe sehen. In der Mitte des Dorfangers steht eines der Wahrzeichen von Diedersdorf: die **Dorfkirche** ❹.

Diedersdorf, das 1375 erstmals urkundlich erwähnt wurde, hat ein zweites markantes Wahrzeichen: das **Schloss Diedersdorf**, das südlich der Kirche am Rande des Ortes liegt. Dort sollte eine längere Pause eingeplant werden, um die aufwendig restaurierte Schlossanlage mit ihrem großen **Biergarten** in Ruhe besichtigen und genießen zu können.

Am Schloss Diedersdorf ist aber noch nicht das Ende der Radtour erreicht. Nach der Pause geht es weiter in Richtung Badesee. Dazu verlässt man das Schloss wieder in Richtung Dorfkirche. Diese wird umrundet und auf der neu gepflasterten Dorfstraße fährt man weiter aufwärts nach Norden (links). Folgt man der verkehrsberuhigten Straße, wird nach der nächsten Biegung (rechts) wieder die **Blankenfelder Chaussee** erreicht. Dort nach Westen (links) über den Kreisverkehr geradeaus weiterfahren. Parallel zur Hauptstraße radelt man entspannt auf dem neu angelegten Radweg an einem Waldstück weiter nach Westen bis zu einer **kleinen Brücke** über den Mahlower Seegraben. Dort wird direkt vor der Brücke nach Norden (rechts) in den Waldweg eingebogen. Übrigens: Auch dieser Wald wird von den Berliner Forsten betreut.

Schloss Diedersdorf
Kirchplatz 5–6
14979 Großbeeren, OT Diedersdorf
Tel. (0 33 79) 35 35-0
www.schlossdiedersdorf.de

Biergarten
Berlins größter Biergarten mit traditionellen bayerischen Spezialitäten.
März–Okt. Mo–Sa 11–21, So 10–20 Uhr

Schloss Diedersdorf

Schloss Diedersdorf blickt auf eine bewegte Geschichte zurück. Der Hauptmann Friedrich Wilhelm von Bandemer erbte 1790 das Anwesen Diedersdorf. Erst 1798 ließ er das ungeliebte Anwesen, das damals noch ein Rittergut war, repräsentativ umbauen. 1854 verfügte Bandemers Tochter Caroline in ihrem Testament, dass das Gut nach dem Ableben ihrer Gesellschafterin zu einer Stiftung für unverheiratete Offizierstöchter werden sollte. So geschah es dann auch 1893. 1901 ging das Anwesen an die Stadt Berlin. Seitdem gab es viele Besitzer und Pächter des Gutes. Im Zweiten Weltkrieg wurde eine Landwirtschaftsschule untergebracht und nach dem Krieg zogen acht Landarbeiterfamilien und ein Kindergarten in das Rittergut ein. 1949 wurde es zum volkseigenen Betrieb. Das Schloss verfiel immer mehr. Im Jahre 1989 erwarb Thomas Worm das restaurierungsbedürftige Gut. Was er daraus gemacht hat, ist heute zu bestaunen. Wer sich auf dieser Radtour die Zeit nimmt, das Anwesen einmal genauer anzuschauen, wird verstehen, warum der „Schlossherr" von der „märkischen Schönen" spricht.

Auf der Kirschallee nach Diedersdorf ❸

Idylle mit Pferd

Man steht nun vor dem **anspruchsvollsten Stück dieser Radtour.** Immer oberhalb des Wassergrabens fährt man auf dem teilweise sehr zugewachsenen Pfad. (Es empfiehlt sich, auf diesem Teilstück lange Hosen zu tragen.)

Nach dem Wald sieht man rechter Hand die großen Felder des Spargelhofes Diedersdorf. Nach etwa 1 Kilometer hat man die Wildnis gemeistert und biegt auf den breiten Feldweg nach Osten (rechts) ein ❺. Zwischen den Feldern geht es bis zur stark befahrenen **Birkholzer Straße.** Neben der Hauptstraße folgt man dem kleinen Pfad nach Süden (rechts). Nach ca. 150 Metern ist linker Hand eine breite, schnurgerade Straße zu sehen. Auf dieser fährt man parallel zur hohen Baumreihe durch die **Diedersdorfer Heide** mit schönen Ausblicken über die Felder.

Der breite Weg biegt nach einiger Zeit nach Süden (rechts) ab. Bei der nächsten Möglichkeit wendet man sich nach Osten (links) ❻, um gleich anschließend wieder nach Norden (links) abzubiegen.

Mit diesem Bogen wurde ein unscheinbarer Wassergraben überquert. Unter einer Hochspannungsleitung hindurch bewegt man sich weiter nach Norden zwischen den Feldern auf der rechten und dem Waldstreifen auf der linken Seite. Es ist sicher überflüssig zu erwähnen, wer auch für diesen Waldstreifen zuständig ist ...

Im Norden endet der Weg an der **Diedersdorfer Straße.** Auf ihr radelt man nach Osten (rechts), an einer Schranke vorbei, bis die Dorfstraße in **Mahlow** erreicht ist. Auf der anderen Straßenseite nutzt man den Radweg nach Westen (links). Nach wenigen Minuten erscheint rechts das **Restaurant und Seebad am Mahlower See.** Das einladende Restaurant mit großem Gastgarten und angrenzender Badewiese am See ist ein guter Ort für eine weitere ausgiebige Pause. Bei passendem Wetter lohnt es sich, dort am See eine wohltuende Badepause einzulegen 7.

Auf dem Radweg geht es zurück bis zu dem Punkt, wo die Hauptstraße erreicht wurde. Dort zeigt ein Wegweiser zum Ortsteil **Waldblick** über die Marienfelder Straße. Dieser wird bis zum Ende der Straße gefolgt. In einer leichten Rechtskurve radelt man auf dem anschließenden schmalen Verbindungspfad hinüber zur Hubertusstraße (ca. 20 Meter). Nördlich (links) ist der Zugang auf den **Berliner Mauerweg** 8. Hier nach Osten (rechts) abbiegen und ein Stück auf dem Mauerweg entlangradeln. An der kreuzenden **Arcostraße** verlässt man den Berliner Mauerweg und fährt nach Norden (links), vorbei am Ortseingangsschild, nach Berlin. Auf der Beethovenstraße geht es bis zur Lorzingstraße, dort erst nach Osten (rechts) und an der nächsten Kreuzung wieder nach Norden (links) in die Hilbertstraße einbiegen. An der Prinzessinnenstraße nach Osten (rechts) laufen und schon hat man den **S-Bahnhof Lichtenrade** und das Ende der Radtour erreicht.

Pension & Restaurant am Mahlower See
Kleine Gerichte sowie Fisch- und Fleischspezialitäten.
Teltower Straße 31
15831 Mahlow
Tel. (0 33 79) 37 02 79
www.pension-mahlowersee.de
Apr.–Okt. tgl. 8.30–21.30, Nov.–März Di–Fr 12–21.30, Sa/So 9–22 Uhr

Seebad am Mahlower See
2,50 Euro, Kinder bis 12 Jahre 1,50 Euro

Romantischer Pfad am Mahlower Seegraben

Wanderung

Start
S-Bhf. Zehlendorf

Länge
8 km

Dauer
2,5 Stunden

Rückfahrt
S-Bhf. Wannsee

Kombinierbar mit
Düppeler Forst
▸ Seite 106
Vier-Seen-Tour
▸ Seite 109

Revier Dreilinden

Auf den Spuren der Stammbahn

Wenn man auf dem S-Bahnsteig Berlin-Zehlendorf auf den Zug wartet, fällt der Blick auf den verwaisten Nachbarbahnsteig. Die Gedanken schweifen ab und in den Kopf kommen plötzlich Fragen wie: „Wozu hat man denn früher vier Gleise gebraucht? Wo führen die Schienen überhaupt hin?" Je länger nachgedacht wird, desto interessanter erscheint die Trasse, die dahinten ins Unbekannte führt. Die Wanderung bietet die Möglichkeit, dieses Unbekannte zu erkunden.

Die Tour startet am S-Bahnhof Berlin-Zehlendorf. Nach dem Verlassen des Bahnsteiges läuft man direkt unter der S-Bahn-Brücke nach Süden (rechts), um gleich anschließend in die Machnower Straße einzubiegen. Nach wenigen Metern wendet man sich nach Südwesten (rechts) in die Berlepschstraße. Kurz hinter der Bushaltestelle Camphausenstraße steht auf der rechten Seite eine **alte Villa des Deutschen Roten Kreuzes.** Direkt nach dem Grundstück führt ein schmaler Weg zwischen den Häusern auf die besagte Bahntrasse. Über eine leichte Schräge erreicht man die Anhöhe und steht plötzlich auf dem Bahngleis der ehemaligen **Stammbahn** ❶.

Links neben der Villa führt der Weg hoch zur Stammbahntrasse

Auf der Trasse geht es schnurgerade in Richtung Potsdam. Zwischen den Schwellen des Gleises wächst eine üppige Vegetation, die selbst zur winterlichen Jahreszeit leicht zu erkennen ist. Nach einiger Zeit erreicht man den **ehemaligen S-Bahnhof Zehlendorf Süd** ❷. Das alte, rostige Schild lässt den Namen allerdings nur noch erahnen. Weiter an den Gleisen entlang wird die Clauertstraße überquert und links neben dem Gleis läuft man noch einige Meter bis zu einer Querung des

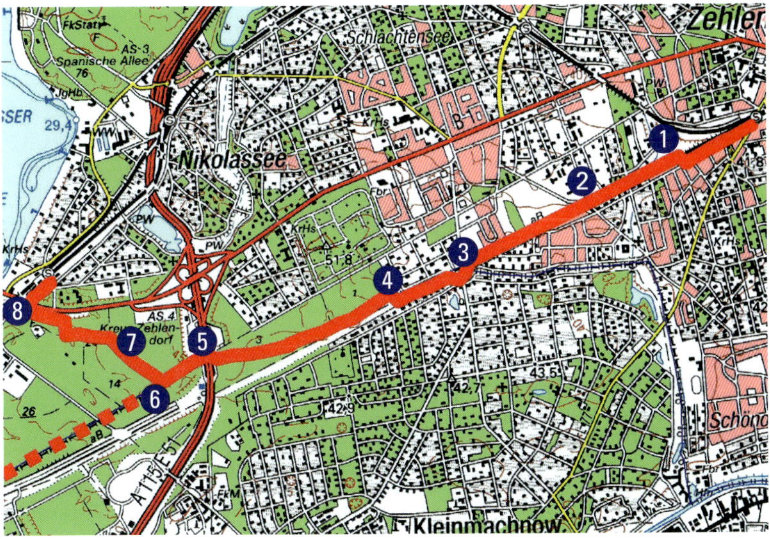

Stammbahn

Die Stammbahn wurde 1838 – als erste Eisenbahnstrecke Preußens – zwischen Berlin und Potsdam in Betrieb genommen. 1845 wurde sie bis Magdeburg ausgebaut und damit zu einer wichtigen Verkehrsader. Ab 1891 verlief parallel zur Stammbahn die S-Bahn-Trasse für die „Neue Wannseebahn". Sie sollte den Pendlern zwischen Zehlendorf und Berlin dienen. Auf der Stammbahn fuhren weiterhin die Fernzüge. Durch die Elektrifizierung der Stammbahnstrecke konnten die S-Bahn-Züge der Wannseebahn nun auch auf die Stammbahnstrecke wechseln und so wurde Potsdam endlich mit der S-Bahn von Berlin aus erreichbar.

Nach der Zerstörung des Potsdamer Bahnhofes 1945 wurde die Verbindung nach Potsdam unterbrochen und nie wieder in Betrieb genommen. Im selben Jahr wurde auch die Bahnbrücke über den Teltowkanal gesprengt und die Gleise auf Brandenburger Flächen als Reparationsleistungen abgebaut. Es gab nur noch einen Pendelverkehr zwischen den Bahnhöfen Düppel und Zehlendorf.

Der Mauerbau (1961) hatte starken Einfluss auf die Fahrgastzahlen, da diese Strecke hauptsächlich von Einwohnern aus Kleinmachnow genutzt wurde. Sie konnten die Stammbahn, die auf Westberliner Gebiet verlief, nicht mehr nutzen. Das endgültige Aus aber wurde durch den S-Bahn-Boykott in Westberlin besiegelt: Die S-Bahn wurde von der damaligen Reichsbahn betrieben, die zur DDR gehörte. Die Züge waren teilweise menschenleer und so wurde am 18. September 1980 das letzte Stück zwischen Düppel und Zehlendorf stillgelegt. Seitdem wird das Areal Stück für Stück von der Natur erobert und die nun freien Verbindungswege zwischen den Waldgebieten werden dankbar vom heimischen Wild angenommen.

Museumsdorf Düppel
Clauertstraße 11
14163 Berlin
Tel. (0 30) 8 02 66 71
www.dueppel.de
Von Anfang März.–Okt. Sa/So/Fei 10–18 Uhr, Erwachsene 4 Euro, ermäßigt 2,50 Euro, Eintritt für Kinder und Jugendliche bis 18 Jahre frei

Bahngleises. Über diesen kleinen Pfad wird auf die nördliche Seite gewechselt und es wird dem Wanderweg parallel zum Gleis gefolgt.

Rechter Hand liegt das **Museumsdorf Düppel**, das von Ostern bis Anfang Oktober geöffnet hat und über die Clauertstraße erreichbar ist. Die Wanderung führt zwischen Museumsdorf und Stammbahntrasse weiter bis zum **ehemaligen S-Bahnhof Düppel** ❸. Noch heute symbolisiert der massive stählerne Prellbock am Ende des Gleises nicht nur die Endstation der S-Bahn-Linie, sondern auch die

Museumsdorf Düppel

Unter dem Motto „Willkommen im Mittelalter" kann auf 8 Hektar ein rekonstruiertes Dorf aus dem 12. Jahrhundert erlebt werden. Das slawische Originaldorf wurde bei Ausgrabungen am Krummen Fenn freigelegt. Heute kann im Museumsdorf neben dem hufeisenförmigen Baustil auch altes Handwerk bestaunt werden, das dem Besucher vorgeführt und erklärt wird.

Am ehemaligen S-Bahnhof Düppel endet die Gleisanlage ❸

gewaltsame Trennung der historischen Bahnstrecke – und eines Landes. Nur wenige Meter hinter dem Prellbock verlief die Mauer. An der angrenzenden Benschallee steht heute ein **Gedenkstein,** der zur Erinnerung an die Opfer der deutsch-deutschen Teilung von 1949 bis 1989 errichtet wurde.

Gedenkstein zur deutsch-deutschen Teilung

Nach der **Benschallee** geht es 20 Meter südlicher (links) über einen Parkplatz auf einen Nebenweg des Berliner Mauerweges. Die Wanderstrecke verläuft hier auf brandenburgischem Gebiet weiter nach Südwesten auf der Stammbahntrasse. Auffällig ist, dass es nun keine Schienen mehr gibt. Denn nach Kriegsende wurde die gesamte brandenburgische Gleisanlage als Reparationsleistung abgebaut und in die Sowjetunion gebracht. Nur der ehemalige Bahndamm und Reste von Schotter erinnern noch an den früheren Verlauf der Stammbahnstrecke.

Rechts sieht man die Kleingartenkolonie Schlachtensee Süd auf Berliner Boden. Dazwischen, auf der Stammbahntrasse, stand einst die Mauer. Am Ende der Kolonie grenzt direkt ein Waldgebiet an. An dieser Stelle wird dem Waldweg nach Westen in den Wald gefolgt. Nun befindet man sich wieder in Berlin und zugleich in einem der zwölf **Hundeauslaufgebiete** der Berliner Forsten ❹. Der quer durch den Wald verlaufende Weg lag früher direkt am Grenzzaun zwischen Westberlin und der DDR. Der Weg endet an der **Königswegbrücke,** die über die Autobahn A 115 führt ❺.

An der Brücke endet auch das Hundeauslaufgebiet und die Wanderung geht weiter geradeaus auf dem Berliner Mauerweg bis zur dritten Abzweigung nach Norden (rechts). **Achtung:** Der erste Weg direkt an der Brücke zählt mit! An diesem Abzweig findet man auch den **Jagenstein** (▸ Seite 45) **mit der Nummer 13** ❻. Hier biegt man auf den breiten Weg nach Nordwesten (rechts) ab.

Erinnerungs- und Begegnungsstätte Drewitz-Dreilinden
Albert-Einstein-Ring/
Stahnsdorfer Damm
14532 Kleinmachnow
(Gewerbepark Europarc)
Mai–Okt. So 11–16 Uhr
Der Eintritt ist frei.
Die Ausleihe der Multimediaguides ist kostenlos.
Im Winter ist der ehemalige Grenzturm geschlossen. Das Freigelände ist offen zugänglich.
Gruppenanmeldung unter
Tel. (0 30) 36 46 59 61
www.checkpoint-bravo.de

Nach einiger Zeit wandert man an einer großen Mauer mit der Aufschrift **„Berlin Camporee Oct 1976"** vorbei ❼. Diese „Area" wurde früher als Treffpunkt für US-Alliierte genutzt. Mit ihren Familien veranstalteten sie dort Picknicks und Barbecues. Der Platz wurde aber auch von Pfadfindergruppen genutzt.

Der Weg verläuft in einem leichten Bogen nach Westen (links) und endet an einem erkennbar privaten Grundstück. Etwa 80 Meter zuvor geht nach links (Süden) ein breiter Fahrweg ab. Wir folgen aber dem gegenüberliegenden Pfad rechts (Norden) bis zur Böschung der Potsdamer Chaussee.

Auf der Böschung geht es weiter nach Westen (links) bis zum Stahnsdorfer Damm. Über die **Treppenanlage** ❽ steigt man hinab auf die Potsdamer Chaussee und überquert diese. Auf der anderen Straßenseite folgt man dem kleinen Weg, bis man die Rückseite des **S-Bahnhofes Wannsee** erreicht. Hier endet die Tour und man kann mit der S-Bahn den Heimweg antreten.

Düppeler Forst

Ehemaliger Grenzverkehr

Von der Königswegbrücke aus konnte man zu Zeiten der deutschen Teilung den regen Transitverkehr zwischen Westberlin und den alten Bundesländern (der Bundesrepublik) beobachten, der bis 1989 über den Grenzübergang Dreilinden – zugleich „Checkpoint Bravo" der Westmächte – lief. Ein paar Hundert Meter weiter südlich lag der Grenzübergang Drewitz, der Übergang zur Einreise in die DDR. Auf dieser am meisten befahrenen Transitstrecke waren die Reisenden zahlreichen Schikanen der DDR-Grenzkontrolleure ausgesetzt. Viele Westberliner Sommerurlaube begannen und endeten mit langen Warteschlangen vor den Passkontrollhäuschen. Mehr über die Geschichte des Grenzübergangs und die Erlebnisse der Transitreisenden kann man in der Erinnerungs- und Begegnungsstätte Drewitz-Dreilinden erfahren.

Die Natur hat sich die Stammbahntrasse zurückerobert

Wanderung

Start/Rückfahrt
Bus 218
Haltestelle Pfaueninsel (im Sommer halbstündlich, im Winter stündlich)

Länge
7 km

Dauer
2,5 Stunden

Schäferberg

Bergwanderung am Wannsee

7 Kilometer sind nicht viel – wenn da nicht die Hügel wären! Sei es als Erweiterung einer anderen Tour oder auch nur als eigenständige Wanderung, es lohnt sich, die Tour durch die hügelige Waldlandschaft im Revier Wannsee zu unternehmen.

Gestartet wird am Schiffsanleger Pfaueninsel in Richtung Südwesten. Direkt hinter dem Wirtshaus zur Pfaueninsel läuft man den Weg hinauf in Richtung Blockhaus Nikolskoe – auf die Stolper Berge zu. Zur Rechten kann durch die Bäume auf die Havel geschaut werden und nach wenigen Minuten zeichnet sich zwischen den Bäumen das erste Etappenziel ab: die **Kirche Sankt Peter und Paul** ❶.

Für den weiteren Verlauf der Wanderung geht man die kleine Anhöhe hinauf und überquert den Nikolskoer Weg. Direkt neben dem **Forsthaus Nikolskoe** (das geklinkerte Haus auf der anderen Straßenseite) geht man entlang des Zaunes hinein in den Wald. Am Ende des Grundstückes schließt ein kleiner Friedhof an. Es lohnt sich, einen Abstecher auf diesen **Friedhof** zu machen ❷. Nach dem Rundgang verlässt man den Friedhof wie-

Kirche Sankt Peter und Paul

Der Bau der Kirche wurde von Prinzessin Charlotte, Tochter des Königs Friedrich Wilhelm III. von Preußen, angeregt. 1817 heiratete Prinzessin Charlotte den russischen Großfürsten Nikolaus Pawlowitsch, der später Zar Nikolaus I. wurde. Nachdem Friedrich Wilhelm ein Jahr später seine Tochter in Sankt Petersburg besucht und wunderbare Stunden mit ihr und dem Zaren in einem russischen Blockhaus verbracht hatte, ließ er direkt nach seiner Rückkehr hier auf den Stolper Bergen ein russisches Blockhaus errichten. Es erhielt den Namen Nikolskoe. Als die Zarin an diesem Ort das Geläut von Glocken vermisste, war dies

der. **Bitte unbedingt die Pforte wegen der Wildschweine schließen!** Es geht nach Süden (rechts), hinein in den Wald.

Querfeldein läuft man über die Anhöhe und erreicht auf der anderen Seite wieder einen Waldweg. Auf diesem Weg namens Moorlaker Gestell geht es weiter nach Osten (links) bis zur nächsten Kreuzung. Dort biegt man nach Süden (rechts) ab und erklimmt weiter die Stolper Berge. Kurz vor dem **Alten Königsweg** ist der höchste Punkt der Berge mit

der Anlass, auch noch eine Kirche im russischen Stil zu erbauen. Nach Entwürfen August Stülers wurde 1834 mit dem Bau begonnen. Ein besonderer Ohrenschmaus ist das Glockenspiel der 28 Glocken, das täglich zu jeder vollen Stunde zwischen 10 und 18 Uhr zu hören ist. Von Kriegsende bis 1985 wurde über eine Lautsprecheranlage nur die Melodie von „Üb immer Treu und Redlichkeit" gespielt. Erst durch den Einbau eines neuen Glockenwerkes ertönt seit dem 1. Advent 1985 immer eine andere Melodie zur vollen Stunde. In einem Schaukasten ist zu lesen, welche Melodie wann zu hören ist.

Sankt Peter und Paul
Die Kirche ist täglich von 11 bis 16 Uhr geöffnet und kann besichtigt werden

Foto rechts: Der Fernmelde- und Sendeturm auf dem Schäferberg ragt 212 Meter in die Höhe

Friedhof bei Nikolskoe

Macht man sich die Mühe und liest einmal die alten Inschriften, findet der Leser von einer Schlossjungfer über königliche Hegemeister bis hin zum königlichen Hofgärtner interessante Persönlichkeiten. Das verwitterte Steinkreuz mit den Namen von Herrn und Frau Maitey verbirgt eine besondere Geschichte aus dem 19. Jahrhundert. Harry Maitey nämlich heuerte auf der „Meteor" an, als das Schiff damals für den preußischen Staat an den Sandwichinseln unterwegs war, um Gewürze zu holen. Der Hawaiianer Maitey entschied sich kurzerhand, mit in die „neue Welt" zu segeln. In Sweenemünde betrat er das erste Mal preußischen Boden. Der König war begeistert und gab ihm Arbeit als Fährgehilfe und Maschinist auf der Pfaueninsel. Im Deutsch-Französischen Krieg soll Herr Maitey sich dann mit Pocken infiziert haben. 1872 verstarb er in seinem Haus in Klein-Glienicke. 17 Jahre später starb seine Frau Dorothea, die neben ihm bestattet wurde.

97 Metern erreicht ❸. Zum Alten Königsweg geht es dann hinunter, um anschließend zum **Schäferberg** hin wieder anzusteigen. Auf dem höchsten Punkt des Weges sieht man zur Linken den majestätischen Sendeturm auf dem Schäferberg in den Himmel ragen. Liefe man geradeaus weiter nach unten, würde man die Königstraße erreichen. Die Tour geht aber weiter auf dem Schäferberg. Dort nach Osten (links) in Richtung Sendeturm wenden. Nach wenigen Minuten steht man direkt an der Umzäunung des **Fernmelde- und Sendeturmes** ❹.

Der Turm wird umrundet und am Zufahrtstor verlässt man das Areal, überquert die Zufahrtsstraße und wandert auf der anderen Seite wieder auf dem unbefestigten Weg in Richtung Nordosten (in Verlängerung des Zaunes) weiter. Der Weg verbindet sich nach wenigen Metern mit einem anderen Weg und knickt leicht nach Norden (links) ab. Zurück geht es wieder hinunter bis zum **Moorlaker Gestell,** wo man nach Osten (rechts) abbiegt ❺. Dem Gestellweg wird eine Zeit lang gefolgt. An der zweiten eindeutigen Wegkreuzung, also am Jagenstein 285/296, wendet der Wanderer sich nach Norden

Sendeturm auf dem Schäferberg

Dieser 212 Meter hohe Turm wurde im Juli 1964 in Betrieb genommen. Er war bis 1990 eines der Verbindungsglieder zwischen Westberlin und der Bundesrepublik Deutschland. Das Besondere an ihm war, dass er für Überhorizont-Richtfunkverbindungen eingesetzt wurde. Sein Pendant stand im Harz auf dem Torfhaus. Die technisch sehr aufwendige Richtfunkmethode war nötig, da eine weite Distanz überbrückt werden musste, denn zu Zeiten der damaligen DDR war es nicht möglich, Sende- und Empfangsanlagen als Zwischenstationen aufzustellen. Deshalb mussten die Signale über die Erdkrümmung hinaus senden. Die Signale wurden durch die Atmosphäre reflektiert und von großen Parabolantennen wieder eingefangen. Diese Streustrahlung war natürlich längst nicht so gut wie Funkwellen, die direkt zwischen zwei Antennen gesendet werden können. Die Parabolantennen waren auf zwei Ebenen aufgehängt (in 30 und 55 Metern Höhe) und hatten einen Durchmesser von 18 Metern. Gleichzeitig konnten über 5 000 Telefongespräche übertragen werden, was bei einer Millionenstadt nicht wirklich viel ist. Heute dient der Turm als Sendemast für digitales Fernsehen wie DVB-T und digitales Radio (DAB). Auch analoge Rundfunkprogramme im UKW-Bereich werden von dort ausgestrahlt, sowie DMB-Dienste, zum Beispiel für Handys.

(links). Nach einer Anhöhe geht es hinunter zur **Pfaueninselchaussee.** An dieser Stelle eine kleine Besonderheit zu diesem Waldstück: In diesem Revier leben kleine Trupps von **Mufflons**.

Nach der Überquerung der Pfaueninselchaussee geht es immer weiter in Richtung Norden, bis der **Weg oberhalb der Havel** endet ❻. Ein letztes Mal biegt man nach Westen (links) ab und läuft entlang der Böschung. Der Weg führt langsam hinab zum Uferweg an der Havel. Auf der anderen Uferseite sind die **Pfaueninsel** und das Maschinenhaus zu sehen. Zu den vertrauten Vogelstimmen können die Pfauenrufe von der anderen Uferseite herüberschallen und es wird einem ohne weitere Erklärungen klar, woher der Name der Insel kommt.

An einer kleinen **Badebucht** lädt eine überdimensionale Bank zum Verweilen ein ❼. Auf den letzten Metern zurück kann man sich bereits überlegen, ob man noch einen Abstecher hinüber auf die Pfaueninsel machen möchte oder doch lieber die Füße auf der heimischen Couch hochlegen möchte. Im Wirtshaus zur Pfaueninsel besteht noch einmal die Möglichkeit, sich für die Inselbesichtigung beziehungsweise die Heimfahrt zu stärken.

Muffelwild

Die dort frei lebenden Tiere wurden in den 1950er-Jahren ausgesiedelt. Damals wurden die Mufflons im Saupark Springe eingefangen und in diesem Berliner Waldgebiet zur Bereicherung der Artenvielfalt freigelassen. Bis heute haben sich die Tiere gut eingelebt und vermehrt. Mufflons sind sehr scheue Tiere und flüchten schnell, wenn sie Menschen bemerken. Die ursprüngliche Heimat des Muffelwildes ist Korsika und Sardinien. In freier Wildbahn werden die etwa 90 Zentimeter hohen und 130 Zentimeter langen Tiere acht bis zehn Jahre alt. Das männliche Mufflon wird als Widder bezeichnet, das weibliche als Schaf und die Jungen als Lämmer. Eine Gruppe Mufflons nennt man Trupp oder Rudel. Ihre Nahrung besteht zu 70 Prozent aus Gräsern. Hinzu kommen noch Blätter, Kräuter, Samen und Früchte. Mit etwas Glück, offenen Augen und leiser Fortbewegung kann man vielleicht ein Rudel Mufflons sehen.

Wirtshaus zur Pfaueninsel
Traditionelle Hausmannskost und selbst gebackene Kuchen am Fähranleger zur Pfaueninsel.
Pfaueninselchaussee 100
14109 Berlin
Tel. (0 30) 8 05 22 25
www.pfaueninsel.de
Di–So ab 10 Uhr

Foto links: Wenn man viel Glück hat und leise ist, kann man Mufflons sehen

Wanderung

Start/Rückfahrt
Fährlinie F10
Anleger Alt-Kladow

Länge
13 km

Dauer
4,5 Stunden

Wintermärchen Gatow

Winterwanderung zur Heilandskirche in Sacrow

Diese schöne Winterwanderung, die selbstverständlich auch zu anderen Jahreszeiten herrlich zu laufen ist, beginnt am BVG-Fähranleger in Alt-Kladow. Mit der Fähre F10 hat man in 20 Minuten die Havel vom S-Bahnhof Wannsee überquert und steht dann auf dem Imchenplatz in Alt-Kladow.

Vom Imchenplatz geht es in Richtung Süden auf der Imchenallee, die zugleich auch als Berliner Mauerweg gekennzeichnet ist, bis zum Sakrower Kirchweg. Linker Hand hat man immer wieder schöne Ausblicke auf die Havel, rechter Hand auf imposante Villen. Weiter wird dem **Berliner Mauerweg** in Richtung Südwesten (links) gefolgt, bis nach einem pulstreibenden Aufstieg die Sakrower Landstraße erreicht ist. Auf dieser gelangt man, nach wenigen Metern in Richtung Südwesten (links), am Ende der Bebauung zu einem schönen erhöhten Ausblick mit Rastplatz ❶. Hinter einem großen Busch ist der Weg hinunter zum Ufer der Havel zu finden. Auf diesem traumhaften Weg geht es durch die Landschaft der Fuchsberge vorbei an der Stupeecke und dem Kleinen Hämphorn bis zum **Großen Hämphorn** ❷. An dieser kleinen Häuseransammlung folgt man der Straße Am Hämphorn bis zur Kladower Straße. Auf der wenig befahrenen Straße

Die Märchenlandschaft beginnt am Fähranleger

Sacrow

Wie die meisten Orte der Region ist Sacrow eine ursprünglich slawische Siedlung. Als Rittergut fand sie erste urkundliche Erwähnung im 14. Jahrhundert. Übrigens heißt „Sacrowje" im Alt-Slawischen so viel wie „hinterm Gebüsch". 1764 erwarb der schwedische Generalleutnant von Hordt, der zugleich Festungskommandant der Spandauer Zitadelle war, das Rittergut. Seit 1939 gehört Sacrow zu Potsdam.

läuft man nach Südwesten (links), bis die Ortschaft **Sacrow** erreicht ist.

Auf der Krampnitzer Straße überquert man bald eine kleine Brücke über den Schiffgraben. Dieser unscheinbare Graben verbindet den Sacrower See mit der Sacrower Lanke an der Havel. Nach einer Rechtskurve öffnet sich schon bald der Blick auf die Parkanlage des Sacrower Schlosses. An dieser Stelle biegt man nach links in die **Fährstraße** ein ❸. Entlang des Zaunes hat man einen schönen Blick auf den Schlossteich mit dem dahinter liegenden **Schloss Sacrow**. Schon bald erreicht man den östlichen Eingang in den Schlosspark. Hier wird die

BVG-Fähre F10
Wannsee–Kladow
Im Winter stündlich bis ca. 19 Uhr, im Sommer bis ca. 21 Uhr

Die Heilandskirche in Sacrow gehört zum UNESCO-Weltkulturerbe

gepflegte Parkanlage des Schlosses Sacrow betreten.

Hat man den Park betreten, biegt man an der nächsten Kreuzung nach Süden (links) ab und erreicht die Sacrower Heilandskirche. Die Wanderung führt ein kurzes Stück weiter in Richtung Westen, entlang des Ufers am Jungfernsee, bis zur **Römischen Bank** ❹. Von dieser halbrund gemauerten Bank direkt am Wasser hat man einen schönen Blick zur Glienicker Brücke. Von dort geht man geradewegs zurück zum Schloss Sacrow. Von hier führt die Wanderung wieder über die Krampnitzer Straße, zurück über die Brücke. Kurz nach der Brücke geht der Weinmeisterweg nach Nordwesten (links) ab. Nach wenigen Metern kann man sich im Restaurant „Zum Sacrower See" stärken.

Weiter auf dem Weinmeisterweg geht es schon bald in den Wald am Weinberg. Nun hat man das **Ufer des Sacrower Sees** erreicht. Direkt am Ufer entlang geht es nach Norden durch den Seeburger Königswald und die Ausläufer der Fuchsberge. Nach einiger Zeit zweigt der Weg vom See nach Nordosten (rechts) ab und führt schnurgerade bis zum **Berliner Mauerweg,** auf dem er endet ❺. Diesem markierten Weg folgt man nun nach Südosten (rechts). Eine letzte körperliche Herausforderung stellt noch einmal das Erklimmen des Luisenberges dar. Hat man die Anhöhe erreicht, geht es bergab bis zur **Kladower Straße.** Am Rande der wenig befahrenen Straße erreicht man in Richtung Osten (links) wieder den zu Spandau gehörenden Ortsteil Kladow. Nach wenigen Metern schließt sich die Rundwanderung und man steht erneut an dem Aussichtspunkt ❶, an dem einige Stunden zuvor die Straße verlassen wurde. Von dort wird der bekannte Weg zurück zum Fähranleger auf dem markierten Berliner Mauerweg angetreten.

Heilandskirche Sacrow
Gruppenführungen nach Anmeldung
Tel. (03 31) 5 05 21 44
Nov.–Feb. Sa/So/Fei 11–15.30 Uhr,
Mai–Aug. Di–Do 11–16, Fr–So 11–17 Uhr,
März Fr–So 11–16 Uhr,
Apr./Sep./Okt. Di–Do 11–15.30, Fr–So 11–16 Uhr

Café & Restaurant Zum Sacrower See
Weinmeisterweg 1
14469 Sacrow
Tel. (03 31) 50 38 55
www.rittersaal-sacrow.de
Tgl. 12–21 Uhr,
Nov.–März Mo Ruhetag

Schloss & Gut Sacrow

An der Stelle des Rittergutes ließ Graf von Hordt 1773 ein Herrenhaus im barocken Stil errichten. 1779 kaufte Heinrich Karl de la Motte Fouqué das Anwesen. Sein Sohn und späterer Dichter Friedrich lebte viele Jahre lang in diesem Herrenhaus. 1816 kaufte der Berliner Bankier Magnus die gesamte Anlage. Durch ihn war die Familie Mendelssohn des Öfteren Gast im Herrenhaus.
1840 erwarb Friedrich Wilhelm IV. das Anwesen. Der architektonisch engagierte König wollte mit dem Gut Sacrow die Potsdamer Gartenlandschaft erweitern und verschönern und ihr ein Denkmal setzen. So ließ er von seinem Baumeister Ludwig Persius nicht nur das Herrenhaus zum „Schloss" umbauen, sondern 1844 auch die **Heilandskirche** als frühchristliche Basilika im italienischen Stil errichten. Sie wurde samt frei stehendem Glockenturm nach Zeichnungen von Friedrich Wilhelm IV. entworfen. Peter Josef Lenné wurde beauftragt, zum Gebäude-Ensemble eine königliche Parkanlage zu gestalten. Lenné setzte besondere Sichtachsen in den Park, sodass die ferner gelegenen Schlösser Pfaueninsel, Glienicke, Babelsberg und Cecilienhof gesehen werden konnten.
Die Kirche und das Schloss wurden 1990 als Teil der Potsdamer Havellandschaft zum UNESCO-Weltkulturerbe erklärt.
1938 wurde das Schloss Wohn- und Dienstsitz des Generalforstmeisters Friedrich Alpers. Zu dieser Zeit verlor das Gebäude den barocken Stil. Zu DDR-Zeiten wurde aus dem Schloss erst ein Kinderheim, dann ein Schriftstellerheim und später zog die Nationale Volksarmee ein. 1973 wurde es Sitz der Zollbehörde der DDR und Trainingsgelände für Spürhunde des Zolls. 1993 fiel der Besitz an die Stiftung Preußische Schlösser und Gärten, die anfing, die Parkanlage und das Schloss nach Originalplänen wiederherzustellen.
Manch einem kommt das Schloss mit den Nebengebäuden vielleicht aus dem Fernsehen bekannt vor. Das liegt daran, dass dieses schöne Anwesen als Drehort für die von 2005 bis 2009 ausgestrahlte Fernsehreihe „Wege zum Glück" genutzt wurde. In dieser Serie war es das Gutshaus der Familie van Weyden.

Am Sacrower See

Entdeckungstour Grunewald

Besondere Orte im Grunewald

Der Grunewald hat neben seiner abwechslungsreichen Flora und Fauna auch viel Geschichte und Geschichten zu bieten. Diese Wanderung führt zu einigen besonderen Orten.

Vom Schmetterlingsplatz am S-Bahnhof geht es auf der Allee nach Westen bis zum Pappelplatz vor der **Revierförsterei Eichkamp.** Dort kann auf Informationstafeln einiges über den Wald gelesen werden. Ein kurzes Stück weiter entlang des Zaunes der Gärtnerei des Bezirksamtes Charlottenburg-Wilmersdorf folgt man dem breiten Weg, der nach wenigen Metern nach Westen (links) abzweigt und bis zur **Kiesgrube** führt ❶.

Kiesgrube Grunewald

Die Kiesgrube entstand erst in den 1960er-Jahren. Davor stand an der Stelle ein Mischwald aus Kiefern und Eichen. Doch dann wurde der darunter liegende Sand als Baustoff entdeckt und abgebaut. Von 1966 bis 1983 wurden 3,5 Millionen Kubikmeter Sand abgebaut. Heute steht man dort vor einer 18 Hektar großen Grube. Der tiefste Punkt liegt 25 Meter unter dem eigentlichen Bodenniveau. Man kann hier einen 15 Meter hohen Sandberg besteigen. Die entstandenen Seen werden durch das Grundwasser gespeist. Als bei der Kartierung der Tier- und Pflanzenwelt festgestellt wurde, dass sich auf dieser Fläche artenreiche Lebensgemeinschaften gebildet hatten, wurden 1992 von den 18 Hektar 13 unter Naturschutz gestellt. Informationstafeln am Rande und in der Grube bieten mehr Wissen zu diesem Gebiet.

Nach einem Abstecher in die Kiesgrube geht die Wanderung weiter am nördlichen Rand der großen Freifläche, bis an der nächsten großen Kreuzung der zweite markante Ort erreicht wird. Dort befindet

Wanderung
Radtour

Start
S-Bhf. Grunewald

Länge
9 km

Dauer
3 Stunden (Wanderung)

Rückfahrt
U-Bhf. Krumme Lanke

Kombinierbar mit
Revier Dachsberg ▸ Seite 150
Revier Saubucht ▸ Seite 154

Karte ▸ Seite 145

Foto links:
Berliner Mauerweg

Der Sandberg in der Kiesgrube Grunewald

sich auf der rechten Seite die Senke des **Naturschutzgebietes (NSG) Teufelsfenn** mit dem Teufelssee ❷.

NSG Teufelsfenn

Die letzte Eiszeit hinterließ hier ein Toteisloch, das sich mit Grund- und Niederschlagswasser füllte. Als der so entstandene See allmählich verlandete, entwickelte sich ein Kesselmoor – das 13,1 Hektar große Teufelsfenn. Sonnentau, Sumpffarn und andere Moorpflanzen sind hier zu finden. Das Naturschutzgebiet ist ein wichtiger Lebensraum für verschiedene Amphibienarten, zudem wurden mehr als dreißig verschiedene Brutvogelarten festgestellt. Im benachbarten Teufelssee kommt der seltene Bitterling vor, eine Fischart, die zur Fortpflanzung eine interessante Symbiose mit Teich- und Malermuscheln eingeht. Seit Mitte der 1980er-Jahre wird der See aus dem letzten aktiven Tiefbrunnen des alten Wasserwerks am Teufelssee mit Grundwasser gespeist. Das erklärt seine gute Wasserqualität. Um das Wasserdefizit auch im Moor zu mindern, wird das Seewasser über einen Bewässerungsgraben in das Teufelsfenn geleitet.

Von der erwähnten Kreuzung geht es weiter nach Südwesten. Der leicht ansteigende Weg biegt weiter nach Süden (links) ab und führt anschließend schnurgerade bis zum Jagen 90 (▸ Seite 45). Dort trifft man auf die nächste auffällige Fläche – das **Dahlemer Feld** ❸.

Dahlemer Feld

In einem weiten Bogen läuft man zwischen den jungen Pflanzen über das Feld zum westlichsten Punkt der Fläche. Dort geht es wieder in den Wald bis zur nächsten T-Kreuzung. Man biegt hier nach Nordwesten (rechts) ab und läuft auf einem schmalen Weg hinab zum 34,7 Hektar großen **NSG Pechsee und Barssee**.

Dahlemer Feld

Die etwa 30 Hektar große waldlose Fläche ist mit einzelnen Bäumen und Sträuchern bewachsen. Diese Fläche wurde von der Domäne Dahlem bis Anfang der 1960er-Jahre genutzt. Seit 1979 ist sie frei zugänglich.

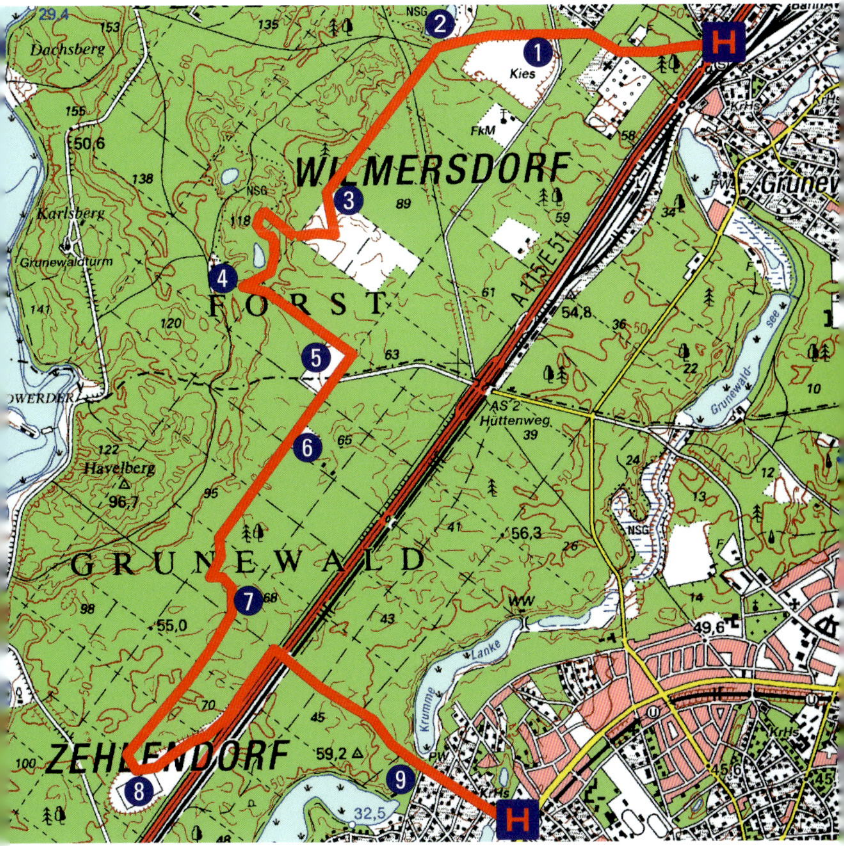

NSG Pechsee und Barssee

Vom Pechsee und Barssee sind nur noch kleine Wasserflächen erhalten, die von einem breiten Schwingrasengürtel – überwiegend aus Torfmoosen – umgeben sind. Grundwasserabsenkungen veränderten die beiden in einem wilderen Teil des Grunewaldes gelegenen Kesselmoore in den vergangenen hundert Jahren stark, der Barssee (in dem bis in die 1950er-Jahre hinein noch die namensgebenden Barsche gefangen wurden) trocknete in den 1970er-Jahren sogar völlig aus. Erst aufwendige Pflegemaßnahmen schufen dort wieder eine offene Wasserfläche. Barssee und Pechsee gehören zu den individuenreichsten Amphibienlaichplätzen Berlins. Gras- und Moorfrösche, aber auch Erdkröten können im Frühjahr bei der Wanderung zum Laichgebiet beobachtet werden. Vor allem am Pechsee ist zudem eine artenreiche Libellenfauna beheimatet.

Düne

Die Düne entstand von März 1995 bis Dezember 1997. Unter der Düne befinden sich 26 „oberirdische" Munitionsbunker. Die in drei Reihen angeordneten Bunker waren zwischen 19 und 25 Meter lang, 8 Meter breit und 5,5 Meter hoch. Nach dem Abzug der Alliierten wurde das Gebiet den Berliner Forsten rückübertragen. Ein Abriss der Bunker hätte ca. 15 Millionen Euro gekostet. So kam man auf die Idee, die Bunker einfach mit unbelastetem Boden zu bedecken und eine Düne zu bilden. Also wurden die Bunker mit Sand verfüllt. Um die Standfestigkeit der Düne zu gewährleisten, wurde erst ein Lehmkern gebildet, der mit einer 2 Meter dicken Sandschicht abgedeckt wurde und so eine Höhe von 12 Metern bekam. Insgesamt wurden mit 19 000 LKW-Ladungen 330 000 Kubikmeter Boden angefahren.
Natürliche Dünen sind im Berliner Raum Landschaftsbestandteile aus der Eiszeit. Sie gehören als nährstoffarme Standorte zu den seltenen Biotopen in Berlin und Brandenburg. Viele gefährdete Tier- und Pflanzenarten finden dort einen neuen Lebensraum. In dieser künstlichen Düne wurde ein Bunker nur teilweise verfüllt und dient heute über einen Lüftungsschacht als Fledermaus-Quartier.

Die Düne hat es in sich

Man umrundet am südöstlichen Ufer weitläufig den Barssee und würde nun auf dem befestigten Weg nach Nordwesten (rechts) zum ehemaligen Forsthaus „Alte Saubucht“ (▸ Seite 154) gelangen. Die Wanderung biegt jedoch in die entgegengesetzte Richtung nach Südosten (links) ab ❹. Der Weg führt weiter die Anhöhe hinauf. Nach einiger Zeit erhebt sich rechts ein großer Hügel – die **Düne** ❺.

An der nächsten Kreuzung umrundet man dieses auffallende Gelände und läuft weiter nach Südwesten (rechts) entlang der Düne. Am südlichsten Ende der Düne quert der sogenannte **Schlängelpfad,** der jedoch alles andere als ein sich durch den Wald schlängelnder Pfad ist. Der Weg wird überquert und es geht weiter geradeaus nach Südwesten auf dem E-Gestell. Nach einiger Zeit erreicht man den nächsten markanten Ort. Dieser befindet sich auf der linken Seite und ist aus Sicherheitsgründen eingezäunt. Man hat den **Sprengplatz** erreicht ❻.

Hier könnte es knallen: am Sprengplatz

Sprengplatz

Dieses ca. 200 mal 200 Meter große Gelände wird von der Berliner Polizei genutzt, um im Stadtgebiet gefundene Bomben und Munition, sogenannte Fundmunition, unschädlich zu machen. In der Regel erfolgt dies durch Sprengung. Zu diesem Zweck wird in unregelmäßigen, großen Abständen das Gebiet um den Sprengplatz sichtbar abgesperrt und hinter dem Schutzwall die Sprengung durchgeführt.

Geradeaus weiter auf dem **E-Gestell** wandert man bis zum Jagen 68 (▸ Seite 45). Schon befindet man sich am nächsten besonderen Ort. Kaum noch wahrnehmbar als Freifläche, liegt vor einem ein fast schon vergessener Platz: der **Ballonplatz**. Auffällig

Auf zum Ballonplatz

ist, dass auf diesem Areal deutlich jüngere Bäume wachsen als auf den umliegenden Flächen.

Ballonplatz

Dieser Ort wurde in längst vergangenen Zeiten als Startplatz für Heißluftballons genutzt. Seit vielen Jahrzehnten holt sich die Natur dieses Gebiet zurück. Es steht heute als Hindernisparcours für Reiter zur Verfügung.

Kurz hinter der Wegkreuzung zweigt ein kleiner Weg nach Süden (links) ab, der parallel zum Hauptweg verläuft. Vorbei am nächsten Parcourshindernis läuft man in einer scharfen Linkskurve bis zum Abzweig nach Südosten (links). Auf dem Weg wird der Ballonplatz überquert. Man wandert zunächst durch einen jungen und später durch einen älteren Baumbestand. Der Weg endet an einer Kreuzung und es geht nach Südwesten (schräg rechts) weiter 7.

Drei Kreuzungen weiter führt die Wanderung nach Südosten (links). Durch die Bäume hindurch kann man einen großen Erdwall sehen. Der Weg schlängelt sich durch eine Öffnung im Wall auf die dahinterliegende Fläche. Hier ist wieder eine andere Waldstruktur deutlich zu sehen. Man befindet sich nun auf dem ehemaligen Schießplatz der Alliierten, **Keerans Range** 8.

Dem Weg folgend überquert man das Gelände nach Nordosten (Bogen nach links) und gelangt auf

Keerans Range

Im Dritten Reich wurde geplant, dieses 25 Hektar große Gelände mit dem halbkreisförmigen Erdwall als Südkurve an die Avus-Rennstrecke anzuschließen. Wegen des Krieges kam es jedoch nie zur Ausführung. Ab den 1960er-Jahren wurde das Areal von den amerikanischen Alliierten als Schießplatz ausgebaut und trug den Namen „Keerans Range". Bevor es für die Waldbesucher freigegeben wurde, war der Sand gesiebt, sämtliche Munition geborgen und alle Betonteile entfernt worden.

den Kronprinzessinnenweg. Die Straße ist für den Autoverkehr gesperrt, aber dort bitte auf die zahlreichen Radfahrer und Skater achten. Man läuft in Richtung Nordosten zurück bis zur Unterführung des Fischerhüttenweges. Diesem folgt man südöstlich (rechts) unter der Avus hindurch, geradewegs bis zum Parkplatz. Dort ist rechts auch der Eingang zum Restaurant **„Fischerhütte am Schlachtensee"** 9. Auf der Gartenterrasse kann man die Tour zu besonderen Orten im Grunewald ausklingen lassen. Auf dem Fischerhüttenweg erreicht man den U-Bahnhof Krumme Lanke.

Restaurant Fischerhütte am Schlachtensee
Traditionsgaststätte mit Restaurant, Biergarten und Lounge.
Fischerhüttenstraße 136
14163 Berlin
Tel. (0 30) 80 49 83 10
www.fischerhuette-berlin.de
Tgl. ab 10, Biergarten ab 9 Uhr

Auf dem Kronprinzessinnenweg

Wanderung

Start
S-Bhf. Schlachtensee

Länge
8 km

Dauer
2,5 Stunden

Rückfahrt
S-Bhf. Grunewald

Kombinierbar mit
Forst Grunewald
▸ Seite 96
Entdeckungstour Grunewald
▸ Seite 143
Revier Saubucht
▸ Seite 154

Restaurant Fischerhütte am Schlachtensee
Traditionsgaststätte mit Restaurant, Biergarten und Lounge.
Fischerhüttenstraße 136
14163 Berlin
Tel. (0 30) 80 49 83 10
www.fischerhuette-berlin.de
Tgl. ab 10, Biergarten ab 9 Uhr

Revier Dachsberg

Wanderung vom Slatsee durch den Grunewald

Den Slatsee im Grunewald kennt fast jeder Berliner! Vielleicht nur nicht unter diesem Namen. Nur einige werden jetzt wissen, welcher 15 000 Jahre alte See in der Grunewalder Seenkette gemeint ist.

Direkt zwischen dem Schlachtensee und dem gleichnamigen S-Bahnhof liegt der **Paul-Ernst-Park,** benannt nach dem deutschen Schriftsteller und Journalisten (1866–1933). Hier beginnt die schöne Wanderung. Durch die Parkanlage geht es hinunter an das südliche Ufer des Schlachtensees. Auf dessen Uferweg läuft man nach Osten (rechts) bis zum **östlichsten Punkt des Sees.** Dort befindet sich auch das **Restaurant „Fischerhütte am Schlachtensee“** ❶. Der Name der Lokalität ist zurückzuführen auf die um 1750 erbaute Fischerhütte am Seeufer. Friedrich der Große rastete hier vermutlich schon, wenn er von Potsdam nach Berlin fuhr. 2005 wurde die Gaststätte aufwendig restauriert und erweitert, und heute ist sie ein beliebter Ausflugsort.

Slatsee

Mit seinen über 8 Metern Wassertiefe und 5,5 Kilometern Umfang ist er mit 421 000 Quadratmetern Wasserfläche einer der größten Seen in Berlin. Die Rede ist vom **Schlachtensee,** der zum Ende des 19. Jahrhunderts auch namensgebend für die kleine Siedlung Schlachtensee war und seit 1920 zu Berlin gehört. Schon 1242 fanden der See und das an seinen Ufern befindliche Dorf Slatdorp ihre erste urkundliche Erwähnung. Der Begriff „Slat“ kommt aus dem Slawischen und hat mehrere Bedeutungen. So kann er für „goldfarben“ oder „goldgelb“ (slaty) stehen, jedoch kann er auch als „Pfahlbauten für Uferbefestigungen“ übersetzt werden. Weiter abgeleitet könnte er auch die Bedeutung „Sumpf“ (solt) haben. Also leitet sich der Name Schlachtensee nicht von einer „Schlacht“ ab.

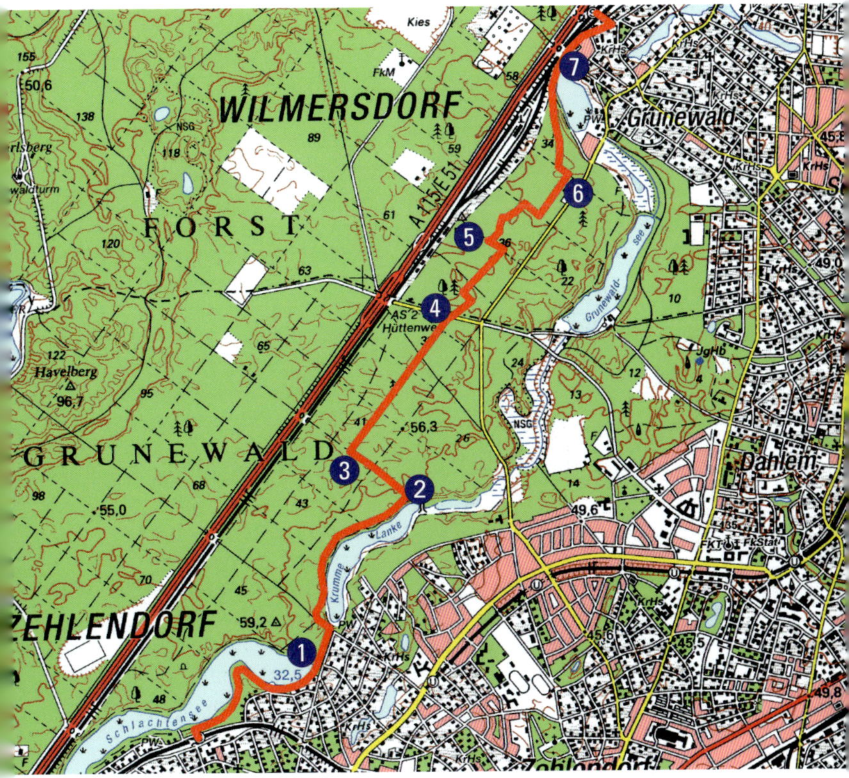

Über die Zubringerstraße zur Fischerhütte verlässt man den Schlachtensee und erreicht kurz darauf den **Fischerhüttenweg.** Hier geht es nach Nordwesten (links) hinein in den Wald. Man betritt nun das **größte städtische Hundeauslaufgebiet Europas.** Sollte die Wanderung mit einem Hund unternommen werden, kann er dort von der Leine gelassen werden. Um ein friedliches Miteinander aller Waldbesucher zu fördern, sind trotzdem bestimmte Verhaltensregeln im Hundeauslaufgebiet zu beachten. Nur so ist zu gewährleisten, dass auch in Zukunft dieses Hundeauslaufgebiet erhalten werden kann.

Kurz nach dem Passieren des Schildes zu diesem Thema biegt man nach Norden (rechts) ab und begibt sich zum eingezäunten **Kinderspielplatz.** Direkt am Zaun geht es am Spielplatz rechts vorbei

Blick auf die Krumme Lanke

und man folgt dem Weg, der oberhalb der **Krummen Lanke** verläuft. Die meisten Waldbesucher nutzen den Uferweg am See und so ist der dort oben parallel verlaufende Weg deutlich weniger besucht. Auch die 1 100 Meter lange und 6,6 Meter tiefe Krumme Lanke war vor langer Zeit slawisch besiedelt. Der überlieferte Dorfname „Crumense“ stammt aber aus dem Mittelniederdeutschen und bedeutet „am krummen See“.

Der Wanderweg endet auf einer befestigten Zubringerstraße, auf der nach Nordwesten (links) abgebogen wird ❷. Nachdem man erst den Verbindungsweg Birkenallee und dann einen Reitweg überquert hat, biegt man an der nächsten **Kreuzung** nach Nordosten (rechts) ab ❸. Dieser Weg führt nun weiter durch einen schönen Laubwald und kreuzt vier weitere Wege, bis er am **Hüttenweg** endet ❹. Bis zu diesem Punkt gibt es viele schöne Einblicke und Eindrücke des Waldes zu sehen und zu erleben.

Der Hüttenweg wird überquert und auf der anderen Seite geht es wieder hinein in den Wald. Auf dem schmalen Waldweg gelangt man schließlich an eine T-Kreuzung. Dort wendet man sich nach Nordwesten (links) und wenige Meter weiter gleich wieder nach Nordosten (rechts). Der schmale Pfad schlängelt sich durch den Wald und stößt schon bald auf den **Parforceweg,** einen deutlich breiteren Waldweg. Man geht aber weiter geradeaus und biegt am Pfadende nach Nordwesten (links) ab, um sich etwa 100 Meter weiter wieder nach Nordosten (rechts) zu wenden ❺.

Über leichte Hügel geht es im lichtdurchfluteten, aber doch schattigen Laubwald bis zu einem kreuzenden breiten Weg. An dieser Stelle geht zwar links der Weg weiter, aber man läuft ein Stück nach Südosten (rechts), bis links ein neuer Waldweg beginnt. Hier geht es weiter bis zur nächsten großen Kreuzung. Es gibt nun die Möglichkeit, rechter Hand das **Holz-Informationszentrum** der Gesellschaft für berufsbildende Maßnahmen (GFBM) zu besuchen ❻.

Diejenigen, die nicht die GFBM besuchen, gehen auf der Wanderroute weiter nach Nordwesten (links). An der nächsten Kreuzung richtet man sich ein letztes Mal nach Norden (rechts). Dem Waldweg folgend wird oberhalb des **Hundekehlesees** bis zur Auerbacher Straße spaziert. Direkt am Übergang vom Wald auf die Straße befindet sich auch der bekannte **Tennisclub** LTTC Rot-Weiß Berlin ❼.

Auf der Auerbacher Straße erreicht man nach einiger Zeit den Bahnhofsvorplatz des S-Bahnhofes Grunewald.

Holz-Informationszentrum der Gesellschaft für berufsbildende Maßnahmen (GFBM)
Koenigsallee 87
14193 Berlin

Morgenstimmung am Schlachtensee

Wanderung

Start
Bus 218
Haltestelle Grunewaldturm

Länge
7 km

Dauer
2,5 Stunden

Rückfahrt
S-Bhf. Grunewald

Kombinierbar mit
Entdeckungstour Grunewald
▸ Seite 143
Revier Dachsberg
▸ Seite 150

Revier Saubucht

Vom Grunewaldturm zum S-Bahnhof Grunewald

Diese Wanderung zum S-Bahnhof Grunewald ist eine ideale Anschlusstour für eine der Wanderungen zum Grunewaldturm. Nach einer Stärkung im Restaurant Grunewaldturm kann man dann nämlich die 7 Kilometer zum S-Bahnhof entspannt in 2,5 Stunden zurücklegen.

Gestartet wird am Grunewaldturm. Von dort geht es in Richtung Süden über eine kleine Treppenanlage hinunter zu einem breiten Waldweg. Diesen überqueren und weiter nach Süden geht es hinunter auf einem schmaleren Weg bis zur **Lieper Bucht** ❶. Nur wenige Meter weiter östlich (links) steht ein Jagenstein (▸ Seite 45) mit den Nummern 141/121. Direkt neben dem Stein folgt man dem Sand- und Schotterweg wieder hinauf bis zur **Havelchaussee.** Nach der Überquerung der Straße geht es auf dem rechten Weg weiter. Nachdem der zweite Waldweg passiert wurde, gabelt sich der Weg. Auch dort geht es wieder rechter Hand hinauf und man erreicht nach einiger Zeit das ehemalige **Forsthaus Alte Saubucht** ❷.

Rechts entlang des Zaunes geht es weiter in südöstliche Richtung. Nördlich (links) befindet sich übrigens das Naturschutzgebiet **Barssee.** Der aufgrund

Wo geht's lang?

Forsthaus Alte Saubucht

Im Naturschutzgebiet Saubucht wurden früher die Wildschweine für die königliche Jagd gehalten. Das Forsthaus Alte Saubucht war damals das Haus des Wildhüters. Zur vorletzten Jahrhundertwende war das Haus auch ein beliebter Anlaufpunkt für Spaziergänger und Wanderer. Man konnte Getränke kaufen und bei selbst mitgebrachten Speisen dort gemütliche Kaffeerunden abhalten. Damit ist es heute zwar vorbei, aber mit Unterstützung der Berliner Wasserbetriebe wurde im Juni 2008 extra ein „Joggerbrunnen" eingerichtet, sodass man sich jederzeit mit frischem Wasser versorgen kann.

des abgesunkenen Grundwasserspiegels mittlerweile stark verlandete See ist nach den dort noch bis in die 50er-Jahre hinein gefangenen Barschen benannt.

Zwei Wegkreuzungen werden geradeaus überquert, an der dritten geht die Wanderung in Richtung Nordosten (links) weiter. Wer jedoch Lust hat, einen kurzen **Abstecher zur Sanddüne** im Grunewald zu machen, läuft einfach wenige Meter weiter auf dem Hauptweg und sieht schon bald auf der rechten Seite die künstliche Aufschüttung ❸.

Unter der Düne befinden sich 26 „oberirdische“ Munitionsbunker. Wer mehr über diese interessante Erhebung wissen will, liest bei der Entdeckungstour durch den Grunewald nach (▸ Seite 146).

Wieder zurück am Abzweig folgt man dem Weg nach Nordosten und erreicht nach einiger Zeit das **Dahlemer Feld** ❹. Mehr Informationen dazu gibt es ebenfalls auf ▸ Seite 144. Geradewegs über das Dahlemer Feld geht es auf der anderen Seite wie-

Restaurant Grunewaldturm
Moderne deutsche Küche mit regionalen Produkten und hausgemachte Torten am Fuße des Grunewaldturms.
Havelchaussee 61
14193 Berlin-Wilmersdorf

Berliner Waldmuseum mit Waldschule Grunewald
Königsweg 4/Jagen 57
14193 Berlin
Tel. (0 30) 8 13 34 42
www.waldmuseum-waldschule.de
Di–Fr 10–15 Uhr (auch in den Ferien), So 13–16 Uhr
Erwachsene 1,50 Euro, Kinder 1 Euro

Restaurant Scheune
Gutbürgerliche, regionale Spezialitäten aus Berlin und Brandenburg.
(am S-Bahnhof Grunewald)
Eichkampstraße 155
14055 Berlin
Tel. (0 30) 8 92 49 03
www.scheune-restaurant.de
Täglich 10–24 Uhr, Küche 11–22 Uhr

der in den Wald und weiter geradeaus nach Nordosten. Im Jagen 88 (▸ Seite 45) biegt der Weg schließlich nach Osten (rechts) ab und man überquert den Teltower Weg.

Unbeirrt folgt man dem Weg weiter nach Osten über die Verbindungschaussee, bis der Weg schmaler wird und man auf einem Pfad den **Birkenplatz** erreicht ❺. Zur Linken sieht man nun den Zaun der Waldschule, die zur „Schutzgemeinschaft Deutscher Wald" gehört. Kinder (aber auch Erwachsene!) können im angeschlossenen Waldmuseum viel Wissenswertes rund um den Wald erfahren und sich über das Ökosystem Wald und die in ihm lebenden Tiere und Pflanzen informieren.

Am Zaun geht es entlang bis zur asphaltierten Straße und auf der anderen Straßenseite auf einem schmalen Weg wieder hinein in den Wald. Auf diesem Weg, der parallel zur Avus verläuft, kommt man schon bald auf den **Schmetterlingsplatz.** Dort endet die Wanderung. Dem Wegweiser zum S-Bahnhof nach Südosten folgend gelangt man – unter der Avus und Gleisanlage hindurch – zum S-Bahnhof Grunewald. Direkt am S-Bahnhof gibt es noch einmal eine Einkehrmöglichkeit in ein Restaurant mit Biergarten.

Blick zum Schäferberg

Revier Eichkamp

Zum Rupenhorn

Am Rupenhorn – jahrzehntelang lag dieses Waldgebiet unbeachtet am Stößensee. Doch 2009 wurde das Areal, das an einem Steilhang liegt, durch Ausgleichsmaßnahmen der Deutschen Bahn neu erschlossen. Seit April 2009 endlich lädt das wunderschöne Waldgebiet zum Verweilen ein.

Spaziergang

Start
S-Bhf. Heerstraße

Länge
5 km

Dauer
2 Stunden

Rückfahrt
Bus M49
Haltestelle Stößensee-brücke

Karte ▸ Seite 159

Doch zunächst startet man diesen Ausflug am S-Bahnhof Heerstraße. Direkt westlich neben dem S-Bahnhof führt die Teufelsseestraße nach Süden (links) in den Grunewald in Richtung Ökowerk. Wird das Waldgebiet erreicht, trifft man auf einen Waldparkplatz (rechts), über den in Richtung Westen (rechts) in den Wald gelaufen wird. Dem Weg vorbei an der grün-weißen Schranke folgen. Südlich (links) sieht man auf dem 115 Meter hohen **Teufelsberg** die ehemalige US-Radarabhörstation, an der deutliche Sturmschäden zu erkennen sind ❶.

Nach einiger Zeit befindet man sich am **Naturschutzgebiet Postfenn**, das durch einen hölzernen Handlauf vor dem Betreten geschützt ist.

Weiter spaziert, durchquert man das Naturschutzgebiet und steht am Ende auf einem **breiten Waldweg** ❷. Dies ist die alte Spandauer Poststraße. Auf ihr läuft man in Richtung Norden (rechts) bis zur Straße **Am Postfenn** ❸. Von hier sieht man auch

NSG Postfenn

Der Name Postfenn ist abgeleitet von „Poß Fenn". Namensgeber war einst der Sumpfporst, ein Heidekrautgewächs aus der Gattung der Rhododendren. Schon im 15. Jahrhundert wurde die Pflanze von nordischen Völkern zum Bierbrauen genutzt. Der Einsatz war aber auch mit Risiken verbunden, denn das Kraut ist leicht giftig. Heute wird der Sumpfporst noch in der Homöopathie verwendet. Durch die Trockenlegung des Kesselmoores im 19. Jahrhundert wurde dieser immergrünen Pflanze der Lebensraum genommen.

Treppenanlage am Rupenhorn

das eingezäunte, rot verklinkerte Gebäude, das zu einem riesigen **Erdgasspeicher** gehört. Dort lagern in 860 Metern Tiefe ca. 680 Millionen Kubikmeter Gas.

Die Wanderung geht auf der anderen Straßenseite wieder hinein in den Wald. Auf diesem Weg, der auch als Reitweg freigegeben ist, läuft man erst noch ein Stück parallel zum eingezäunten Gelände und dann leicht bergauf, bis linker Hand die Mauern des **Jüdischen Friedhofes** zu sehen sind. Der Weg endet auf dem Friedhofsparkplatz ❹. Dort besteht die Möglichkeit, die Begräbnisstätte zu besichtigen.

Nach einem Besuch dieses Ortes geht es weiter zum eigentlichen Ziel dieses Spazierganges. Dazu läuft man ein Stück zurück auf dem Hinweg bis zur letzten Wegkreuzung. Dort wird nach Westen (rechts) abgebogen und entlang des Friedhofsgeländes gelaufen. Durch die Bäume hindurch kann ein

Jüdischer Friedhof

Der Friedhof wurde ursprünglich 1910 für die Verstorbenen der damaligen Villenkolonie an der Heerstraße angelegt. 1912 wurde er zu einer interkonfessionellen (für alle Konfessionen offenen) Begräbnisstätte erweitert, und so wurden die ursprünglichen 0,6 Hektar Forstflächen auf 5 Hektar vergrößert. 1953 wurde die Berliner jüdische Gemeinde in Ost und West geteilt, sodass zunächst ein jüdischer Friedhof auf Westberliner Boden fehlte. 1955 wurde dann der Friedhof an der Heerstraße jüdisch geweiht. Heute ist der wunderschöne und landschaftsgärtnerisch einmalige Ort die letzte Ruhestätte vieler bedeutender Persönlichkeiten wie Hans Rosenthal, Heinz Galinski und vieler anderer. Es ist aber unbedingt zu beachten, dass **Männer den Friedhof nur mit Kopfbedeckung betreten** dürfen. Wer weder Hut noch Mütze dabei hat: Direkt am Tor befindet sich ein Korb mit „kippot" (Einzahl: „kippa"), den typischen jüdischen Kopfbedeckungen, die genutzt werden können.

großer **Sendeturm** gesehen werden, dem man sich nähert. Vorbei an dem riesigen Mast spaziert man weiter nach Westen bis zur Straße Am Rupenhorn. An der Straße sieht man gegenüber neben einem Mehrfamilienhaus den Zugang zu der neu gestalteten **Hanganlage** ⑤.

Wer sich an der letzten Waldkreuzung verlaufen haben sollte, stößt trotzdem auf diese Straße. Die Zugänge zur Hanganlage sind leicht zu finden.

Nun hat man das Ende des Spazierganges erreicht und kann die neu gestaltete Waldfläche in aller Ruhe erkunden. Etwa 3,5 Hektar wurden durch Ausgleichsmaßnahmen der Deutschen Bahn neu erschlossen: 750 Meter neue und alte serpentinenartige Wege sowie diverse schöne Aussichtspunkte – alles das wurde für die Naherholung attraktiv gestaltet.

Um wieder zurück in die City zu kommen, geht es nach Norden bis zur Stößenseebrücke und dort hinauf zur Heerstraße. Die Bushaltestelle, von der aus man wieder zurück zum S-Bahnhof Heerstraße fahren kann, ist schnell zu sehen.

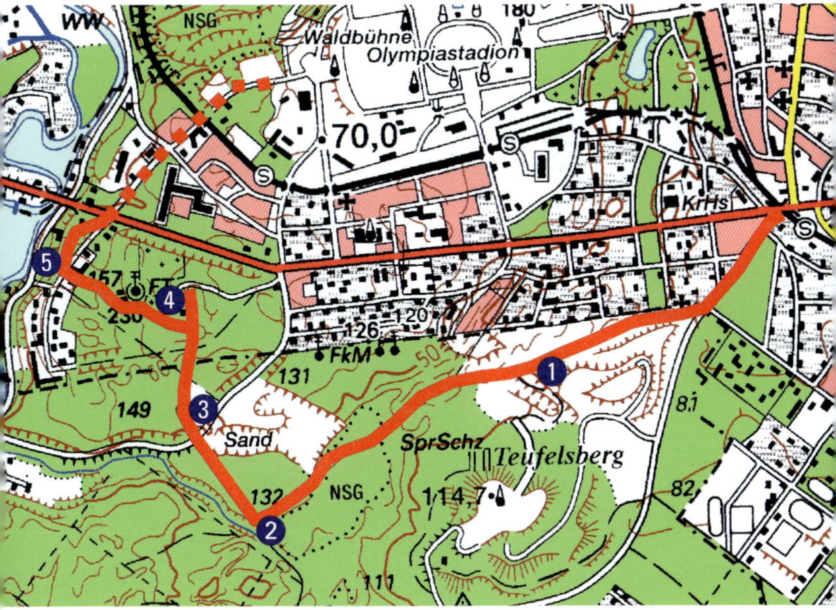

Reviere im Nordwesten

Die Reviere ganz im Nordwesten Berlins stecken voller Superlative: Hier findet man nicht nur den ältesten, sondern auch den höchsten Baum der Stadt. Der Tegeler See bietet neben Wandergenuss auch schöne Bademöglichkeiten, und für Bergfreunde gibt es auf dem Ehrenpfortenberg sogar ein Gipfelkreuz zu bestaunen.

Waldweg im Revier Tegelsee ▸ Seite 162

Wanderung
Baden

Start/Rückfahrt
U-Bhf. Alt-Tegel

Länge
ca. 11 km

Dauer
ca. 3 Stunden

Kombinierbar mit
Revier Tegelsee II
▸ Seite 170

Restaurant Waldhütte
Ausflugslokal nahe des Tegeler Sees.
Schwarzer Weg 1
13505 Berlin
Tel. (0 30) 4 33 48 88
Di–So 10–22 Uhr

Revier Tegelsee I

Wo steht der höchste, wo der älteste Baum Berlins?

Beide im Tegeler Forst! Der Ausflug führt den Wanderer in den Berliner Forst Tegel von der Dicken Marie bis zu den Wildschweinen.

Beginn ist der U-Bahnhof Alt-Tegel ❶, von dem aus über die Straße „Alt-Tegel" die Greenwichpromenade zu erreichen ist. Auf der Promenade verläuft der Weg in nördliche Richtung. Nach der Überquerung des Tegeler Hafens über die **Sechserbrücke** wird die Gabrielenstraße gekreuzt und es geht „An der Malche" entlang. Unmittelbar vor dem Restaurant „Waldhütte" führt ein Abzweig nach rechts. Nach ca. 50 Metern endet der Pfad direkt vor **Berlins ältestem Baum** – der Dicken Marie ❷. Diese etwa 900 Jahre alte Eiche hat in 1,30 Meter Höhe einen Durchmesser von 2,10 Meter und einen Umfang von 6,65 Meter.

Zurück auf dem Uferweg und 20 Meter weiter befinden sich das Restaurant „Waldhütte" und ein Parkplatz ❸. Von dort aus können diejenigen starten, die lieber mit dem Auto anreisen möchten. Der Rundweg vom Parkplatz (Schwarzer Weg) beträgt ca. 7 Kilometer, für die ungefähr 2 Stunden benötigt werden.

Auf der anderen Seite des Schwarzen Weges beginnt der Mühlenweg, über den eine 90 Hektar große **Referenzfläche** (▸ Seite 65) betreten

Sechserbrücke

Die Bezeichnung Sechserbrücke kommt daher, dass schon vor dem Brückenbau der übersetzende Fischer 5 Pfennig, also einen „Sechser", kassierte. Aber warum „Sechser"? Ab etwa 1820 war in Preußen der „Groschen" in Umlauf – und zwar der Groschen zu 12 Pfennig. Der halbe Groschen Fähr- beziehungsweise späteres Brückengeld war also der „Sechser". Diese eingeschliffene Bezeichnung blieb erhalten.

wird. Die Referenzfläche endet ungefähr an der ersten Schutzhütte. Der Mühlenweg kreuzt die Konradshöher Straße ❹, auf der die erste Möglichkeit besteht, mit der Buslinie 222 zurück zum U-Bahnhof Tegel zu fahren.

Nach der Überquerung der Konradshöher Straße führt der Weg durch einen schönen Buchenbestand. 250 Meter weiter öffnet sich auf der linken Seite des Weges eine Windwurffläche, die im Juli 2002 bei einem starken Sturm entstanden ist. Die dort „geworfenen" Bäume sind bewusst nicht entfernt worden, um auch hier aus der Regenerierung durch Naturverjüngung zu lernen.

Einige Meter weiter steht auf der rechten Seite des Weges der **höchste Baum Berlins** ❺. Diese in Buchen eingebettete Lärche wurde im Jahre 1795 gepflanzt und maß im August 2000 43 Meter.

Folgt man dem Weg weiter in Richtung Westen, erscheinen auf der rechten Seite die **Heiligenseer Baumberge** ❻. Diese Binnendünenlandschaft war früher französisches Manövergebiet. Am Ende dieses Gebietes schließt sich, in einer Senke, das **Feuchtgebiet Lingenpfuhl** an.

Der Mühlenweg, der seinen Namen durch die Verbindung des Dorfes Heiligensee und der Mühle an der heutigen Karolinenstraße bekam, endet nach ca. 150 Metern. Die Route führt nach links, vorbei an einem **Waldspielplatz** ❼ mit großer

Diese Eiche stand schon vor 900 Jahren da: Die Dicke Marie ist Berlins ältester Baum

Schutzhütte, und erneut links auf den Försterweg. Der Försterweg, der – wie es zu erahnen ist – seinen Namen durch die Verbindung des Dorfes Heiligensee und der Försterei bekam, führt zurück zum Tegeler See. Nach ungefähr der Hälfte des Weges kreuzt wieder die Konradshöher Straße ❽, dort besteht erneut die Möglichkeit, mit der Buslinie 222 zum S-Bahnhof Tegel zurückzufahren.

Der aufmerksame Waldbesucher wird nach ca. 60 Metern in einer 45°-Wegabzweigung einen interessanten Baumwuchs sehen, der nicht gleich auf den ersten Blick zu erkennen ist. Mehr wird an dieser Stelle nicht verraten.

Der Weg, der sich nun immer mehr der Försterei nähert, stößt auf eine Wildwiese, hinter der die Route an der nächsten Wegkreuzung nach links verläuft. Vorbei an Informationstafeln über Bienen und Honig geht es in einem langgezogenen Bogen durch die Wildgehege. Auf der rechten Seite sind dort erst Muffelwild und dahinter Damwild zu beobachten und auf der linken Seite Schwarzwild (Wildschweine).

An dieser Stelle besteht die Möglichkeit, einen Abstecher an den **Badestrand** ❾ zu machen. Sollte kein Badewetter sein, ist eine Pause am Strand mit Blick über den See lohnend. Nach einem erfrischenden Bad im **Tegeler See** oder auch nur einer kurzen Pause geht die Tour ein Stück auf dem Schwarzen Weg in Richtung Norden weiter.

Nach ca. 300 Metern biegt die Route an einer gegabelten Buche nach rechts ab. Links des Weges befindet sich die Burgsdorfsche Anlage. Die Anlage wurde von Friedrich August Ludwig von Burgsdorf 1789 als Pflanzgarten angelegt. Ausführliche Informationstafeln sind am Schwarzen Weg, einige Meter nördlich nach dem Abzweig, zu lesen.

Folgt man dem Waldweg in Richtung Wasser, stößt man schon bald auf eine Mauer, vor der die Route nach links abknickt. Die Mauer, an der nun der Weg entlang führt, verbirgt den Blick auf die **Villa Borsig** ⑩. Auf diesem Gelände befinden sich heute die Ausbildungsstätte und das Gästehaus des Auswärtigen Amtes. Erreicht der Weg die betonierte Zufahrtsstraße zur Villa Borsig, ist dies die Stelle, an welcher der Rundkurs langsam sein Ende findet.

Auf der betonierten Straße geht es nun in nördliche Richtung ein Stück bergauf zum Schwarzen Weg. Nach weiteren 250 bis 300 Metern ist der Parkplatz am Restaurant „Waldhütte" wieder erreicht. Hier trennen sich die Wege derer, die mit dem Auto angereist sind und jener, die zurück zum U-Bahnhof Alt-Tegel laufen. Hier bietet es sich an, bis zur Sechserbrücke am Ufer entlangzuspazieren und den Blick auf den Tegeler See zu genießen.

Schwarzwild mit Nachwuchs im Wildgehege

Wanderung

Start
S-Bhf. Frohnau

Länge
ca. 7 km

Dauer
ca. 2,5 Stunden

Rückfahrt
S-Bhf. Schulzendorf

Kombinierbar mit
Ehrenpfortenberg
▸ Seite 182
Stolper Heide
▸ Seite 185

Revier Hermsdorf

Wanderung zum Gipfelkreuz

Ein Gipfelkreuz in Berlin?! Wo gibt's denn so was? So was gibt's zum Beispiel in Tegel auf dem Ehrenpfortenberg. Dies ist auch das Ziel dieser Wanderung. Falsch, das ist nicht das Ziel dieser Wanderung. Denn der Weg ist doch das Ziel, oder?! Also los geht's.

In **Frohnau** am Ludolfingerplatz, direkt am S-Bahnhof Frohnau, startet man, mit gut gefülltem Proviantrucksack, in den Karmeliterweg ❶. Vorbei an beeindruckenden Villen geht es bis zur Donnersmarkallee. Dort nach Südwesten (links) abbiegen und schon zwei Querstraßen weiter stößt man auf den Waldzugang. Auf dem beginnenden Waldweg gelangt man nun schnurgerade in den **Hermsdorfer Forst.**

Auf diesem Waldweg verläuft auch die Grenze zwischen den Ortsteilen Heiligensee (nordwestlich) und Tegel (südöstlich) – beide Teil des Bezirks Reinickendorf. Hier geht es immer weiter geradeaus, bis man nach einer kleinen Anhöhe das eingezäunte **Feuchtgebiet Himmelsteich** erreicht.

Am Zaun entlang nach Süden (links) schlängelt sich der Weg leicht abwärts bis zur nächsten großen Kreuzung ❷. An dieser geht man zuerst nach Nordosten (links) über die Kreuzung, um anschließend sofort an der direkt anschließenden Wegegabelung dem östlichen (rechten) Weg in Richtung S-Bahnhof Hermsdorf zu folgen. Nun

Himmelsteich

Dieser erste von zwei Himmelsteichen ist durch den früheren Revierförster Klaus Hamer künstlich angelegt worden. Die bereits vorhandenen Talsenken wurden mit einer 80 cm dicken Lehmschicht ausgekleidet. Der Name „Himmelsteich" wurde vergeben, weil diese Teiche durch Regenwasser, also „den Himmel" gespeist werden.

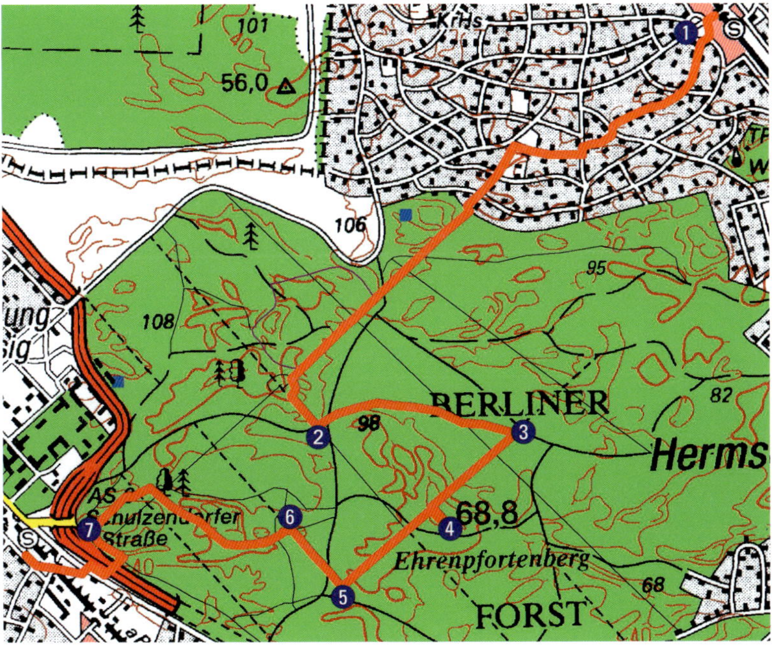

geht es bis zum nächsten Schutzpilz, der sich direkt an einer Kreuzung ❸ befindet. Kurz bevor man den Schutzpilz erreicht, geht ein weiterer Weg nach Südwesten (rechts) ab. Diesem muss gefolgt werden. Nach den ersten ebenerdigen Metern steigt der Weg immer steiler an, bis man schließlich auf der höchsten Anhöhe des Weges steht. Dort befindet sich auch eine weitere, schon leicht verfallene Sitzgruppe. Von hier sind es nur noch wenige Meter nach Südosten (links), bis man endlich das **Gipfelkreuz** des **Ehrenpfortenberges** ❹ erreicht hat. Nach dem Aufstieg befindet man sich nun 6900 Millimeter über dem Meeresspiegel und kann ein stolzes Gipfelfoto von sich und seinen eventuellen Mitwanderern machen. Dies ist auch die Stelle, an der man die Wandertour durch den Ausflugstipp auf den Ehrenpfortenberg (▸ Seite 182) erweitern kann.

Zurück auf dem eigentlichen Wanderweg geht es nun an den Abstieg. Auf dem gerade verlaufenden Weg geht es hinab, bis zu einer

6 900 Millimeter über dem Meeresspiegel: Gipfelkreuz auf dem Ehrenpfortenberg

T-Kreuzung, auf der dieser Weg endet. Hier befindet sich auch ein Jagenstein mit den Beschriftungen „99“ und „100“ (Jagen sind forstliche Flächeneinheiten, oft mit Grenzsteinen nummeriert). An dieser Kreuzung 5 wird nach Nordwesten (rechts) abgebogen. Auch hier wieder diesem Weg geradewegs folgen, auch wenn nach wenigen Metern ein schräg verlaufender breiterer Weg zum Abbiegen verleiten könnte. Und schon steigt der Weg wieder leicht an, auf einen kleinen weiteren „Berggrat“. Auf diesem ca. 3 Meter schmalen Grat 6 geht es nun nach Westen (links). Nach wenigen Minuten sieht man ein eingezäuntes **Feuchtgebiet,** das ebenfalls den Namen **Himmelsteich** trägt. Dieses Gebiet wird nur gestreift und man schlängelt sich weiter durch den Wald hinab in Richtung Heiligensee. Der Weg ist durch ein „grünes Eichenblatt“ markiert.

An der nächsten westlich (links) gelegenen Kreuzung geht es weiter links dem Eichenpfad folgend und auf dem Grat entlang. Das immer lauter werdende Rauschen der naheliegenden Autobahn A 111 kündigt langsam das Ende der

Wanderung an. Hat man die Schallschutzmauer der Autobahn erreicht, geht es auf dem parallel verlaufenden Weg nach Süden (links) 7, bis man auf einen Weg stößt, der nach rechts über die Autobahn führt. Die Strecke führt über eine grüne Brücke über die Trasse.

Grüne Brücke bedeutet in diesem Fall jedoch nicht, dass die Brücke grün gestrichen ist, sondern dass diese Brücke so breit ist, dass sie begrünt werden konnte und der Weg zwischen zwei Erdwällen verläuft.

Auf der anderen Seite der Autobahn nach einer Rechtskurve stößt man auf eine Bushaltestelle und die Ruppiner Chaussee. Entweder man fährt von dort mit dem Bus 124 oder man überquert die Chaussee an der Ampel und folgt dem Wegweiser zum S-Bahnhof. Wer auch diese letzte Wegstrecke absolviert hat, kann vom S-Bahnhof Schulzendorf wieder die Heimfahrt antreten.

Die grüne Brücke kurz vor dem Ziel

Wanderung

Start
Bus 222
Haltestelle Schwarzspechtweg

Länge
7,5 km

Dauer
2,5 Stunden

Rückfahrt
Bus 222
Haltestelle Jörsstraße

Kombinierbar mit
Revier Tegelsee I
▸ Seite 162

Revier Tegelsee II

Über Berge zum Baden

Schon die Anreise an den Startort Konradshöhe vermittelt den Eindruck, längst nicht mehr in Berlin zu sein. Doch weit gefehlt. Die Ortsteile Konradshöhe und Tegelort, wo die Wanderung endet, gehören zu Tegel. Sie sind nur durch den schönen Tegeler Forst oder über die Havel zu erreichen.

Direkt vor der 1939 geweihten Jesus-Christus-Kirche steigt man aus dem Bus und geht auf der gegenüberliegenden Straßenseite hinein in den Wald. Am Geländer entlang, das nach wenigen Metern endet, verläuft der Weg immer parallel zur Straße Am Eulenhorst. Sobald links die Dohlenstraße nach Norden abgeht, zweigt man nach Südosten (rechts) ab und folgt dem schnurgerade verlaufenden Weg.

Nach ca. 500 Metern erreicht man das **Meisnergestell,** an dem auf einer Anhöhe ein Jagenstein (▸ Seite 45) mit der Nummer 80 steht ❶. Auf dem Gestellweg wird nach Nordosten (links) abgebogen und langsam der erste „Berg“ auf dieser Tour erklommen. Nach etwa 400 Metern steht man auf dem 42 Meter hohen **Reiherberg.** Dort oben steht eine Bank, die zu einer kleinen Verschnaufpause einlädt. Auf einem **Findling** gegenüber der Bank sind die kreuzenden Wege verzeichnet ❷.

Die Wanderung führt weiter geradeaus in Richtung Nordosten. Nach einiger Zeit kreuzt man die asphaltierte Waldkauzstraße, die zum Freibad Tegelsee führt. Die Tour geht aber geradeaus weiter durch den Tegeler Forst. Auf der rechten Seite lichtet sich nach einiger Zeit der Wald und man schaut auf die **Gerlachwiese.** Die Gerlachwiese ist nach dem Förster Karl-Heinrich Gerlach benannt, der nach 43 Dienstjahren für den Berliner Wald 2007 in den Ruhestand ging. Bereits drei Jahre später verstarb Herr Gerlach.

Am **Ende der Wiese** kreuzt ein schmaler Weg, der nach Nordwesten (links) weiterführt ❸. Dort befindet sich auch ein Jagenstein mit den Nummern 78/64. Man läuft nun in das hügelige Land-

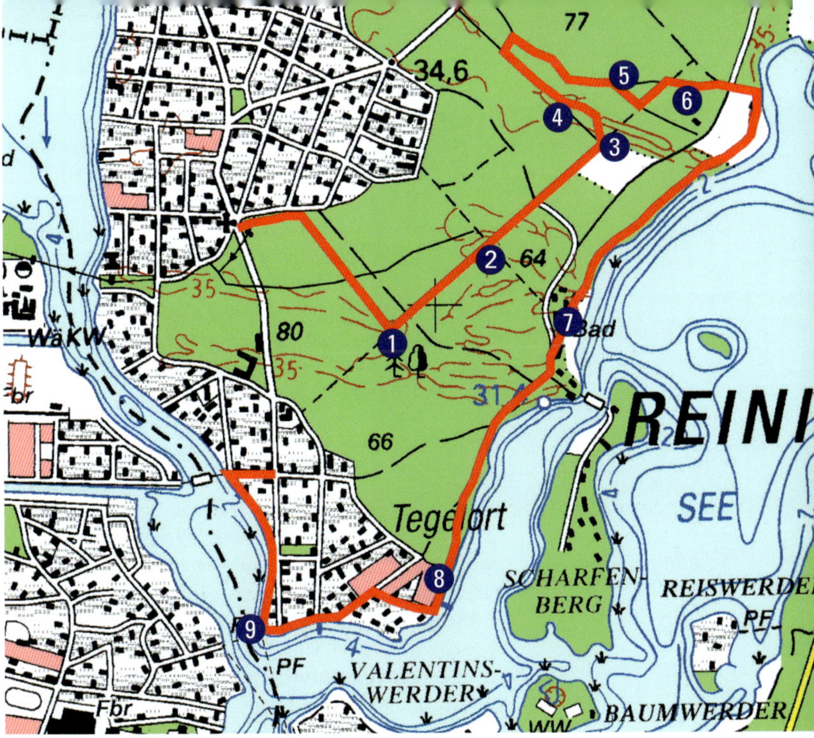

schaftsbild der **Lehmkutenberge** hinein. Der schmale Weg endet nach einem leichten Bogen nach Osten (links) auf einem Waldweg, dem weiter nach Nordwesten (rechts) ❹ gefolgt wird. Nach der Durchquerung eines kleinen Tals steht rechts im Wald ein **Hochsitz.**

Direkt an der nächsten Kreuzung wendet man sich nach Nordosten (rechts) und geht weiter bis zum nächsten breiten Weg. Auf dem geschotterten Försterweg geht es zurück in Richtung Südosten (rechts) bis zu einer kleinen Waldwiese ❺. Nach rechts entlang wandert man weiter bis zur nächsten Wegkreuzung. Geradeaus ist der Durchgang nach wenigen Metern gesperrt und so wird an der Kreuzung nach Nordosten (links) weitergelaufen. Auf der rechten Seite stehen einige Bienenstöcke eingezäunt. Wer mehr über diese fleißigen Tiere und den Honig erfahren möchte, kann auf den Tafeln viele detaillierte Informationen nachlesen.

Am Zaun entlang geht es weiter und man erreicht schon bald das erste **Wildgehege.** Zwischen

Welche Gattung das wohl ist? Auf der Tour erfährt man es

den Bäumen kann ein geschultes Auge sehr schnell die erste Wildart sehen. Der Wanderer kann nun mit Gleichgesinnten darüber diskutieren, um welche Gattung es sich wohl handeln könnte. Um die Spannung nicht zu zerstören, wird an dieser Stelle nicht verraten, um welche Tierart es sich handelt.

Hält man sich weiter am Zaun, also an der nächsten Kreuzung nach Osten (rechts), kommt man nach einiger Zeit an eine Informationstafel zu dieser Tierart ❻. Bevor der asphaltierte **Schwarze Weg** erreicht wird, können noch zwei weitere heimische Tierarten in ihren Gehegen beobachtet werden.

Die Wanderung geht weiter auf der anderen Straßenseite und führt hinunter, vorbei an der Schranke, zu einer **Badebucht am Tegeler See.** Schaut man von der Bucht nach Nordosten (schräg links), liegt auf der anderen Uferseite Reiherwerder. Diese Landzunge ist für die Öffentlichkeit gesperrt. Das Haus zwischen den Bäumen ist die **Villa Borsig**.

Auf dem Uferweg spaziert man nun immer entlang am **Tegeler See** nach Südwesten (rechts). Der Uferweg führt an einigen kleinen einladenden Badebuchten vorbei, in denen man sich, je nach Jahreszeit, ein schönes erfrischendes Bad erlauben kann. Vorbei am eingezäunten **Strandbad Tegeler See** ❼, das hoffentlich bald wiedereröffnet wird, gelangt man auf einen befestigten Weg, den Schwarzen

Villa Borsig

Ernst Borsig, der Sohn des Maschinenbau- und Dampflok-Magnaten Albert Borsig, ließ das Gebäude von 1911 bis 1913 bauen. Nach Kriegsende wurde die Villa zum Sitz des französischen Stadtkommandanten. 2003 wurde das Anwesen für das Auswärtige Amt ausgebaut und seit 2006 dient dieses Gelände als Ausbildungsstätte für die Beschäftigten des Auswärtigen Amtes und als Gästehaus des Außenministers.

Weg. Am Ende des Zaunes führt ein Weg hinunter zur Fähre der **Insel Scharfenberg.** Diese Insel ist ebenfalls nicht für die Öffentlichkeit zugänglich. Auf ihr befindet sich die Schulfarm Insel Scharfenberg, ein Gymnasium und Internat. Zum Tag der offenen Tür besteht die Möglichkeit, einmal im Jahr die Insel zu besichtigen.

Südlich des Fähranlegers liegt eine weitere **große Badebucht.** Auf dem Uferweg geht es weiter, bis kurz vor dem Ortsteil Tegelort die letzte Badebucht erreicht ist ❽.

Der Uferweg endet an der Straße Tegelorter Ufer. Man biegt nach Nordwesten (rechts) ab und läuft bis zur Scharfenberger Straße. Über diese geht es nach Südwesten (links) auf den Barschelplatz, der wieder direkt am Wasser liegt. Dort beginnt ein Uferweg, der an der südwestlichsten Spitze von Tegelort zur **Personenfähre** führt ❾. Die Tour führt hier weiter nach Norden, bis man am Anleger der Autofähre rechts in die Jörsstraße einbiegt. Weiter nach Osten (rechts) gelangt man zur Friederikestraße, um dort mit dem Bus die Heimfahrt anzutreten.

Personenfähre Tegelort

Spaziergang

Start/Rückfahrt
Bus 222
Haltestelle Mühlenweg

Länge
3,5 km

Dauer
1 Stunde

Revier Tegelsee III

Spaziergang zum Baum des Jahres 2012

Auf diesem Ausflugstipp im Tegeler Forst geht es zum höchsten Baum Berlins – einer europäischen Lärche. Außerdem wird erklärt, was es mit den ausgefransten Bäumen auf sich hat.

Gestartet wird mitten im Wald an der Konradshöher Straße, an der Bushaltestelle Mühlenweg der Buslinie 222 ❶. Von dort wird in nordwestliche Richtung dem kreuzenden Mühlenweg gefolgt. Nach wenigen Minuten steht man an einem Informationspunkt über eine besondere Fläche, die **Schaustelle Sturm** ❷.

Jahrhundertsturm

Am 10. Juli 2002 tobte über Berlin einer der schwersten Stürme (Jahrhundertsturm) seit Anbeginn der Wetteraufzeichnung. Der Orkan verursachte mit Windgeschwindigkeiten von bis zu 152 km/h in Teilen der Berliner Forsten zahlreiche Windwürfe mit einem Gesamtschadensvolumen von rund 11 000 Hektar Holz. Die Fläche dort an der „Schaustelle Sturm“ hat eine Größe von ca. 5 800 Quadratmetern (0,58 Hektar) und war zum Zeitpunkt des Orkans mit 147 Jahre alten Rotbuchen bewachsen.

Neben diesen Informationen kam man sich auch über ähnliche Themen sachkundig machen. So zum Beispiel: Was ist Sukzession? Was machen Totholzspezialisten? Wer bewohnt die Wurzelteller, die dort in den Himmel ragen? Oder: Wie entwickelt sich der Wald auf solchen Flächen? An den Schautafeln sollte man ruhig ein wenig Zeit einplanen.

Weiter geht es auf dem Mühlenweg in die gleiche Richtung. Nach etwa 100 Metern sieht man auf einer kleinen Anhöhe eine weitere Informationstafel. Läuft man zu dieser, steht man an den Wurzeln des höchsten Baumes Berlins ❸. Dieser Baum ist auch **Baum des Jahres 2012**.

Dem Mühlenweg wird noch ein Stück gefolgt, bis nach Südwesten (links) ein Weg abgeht, an dem

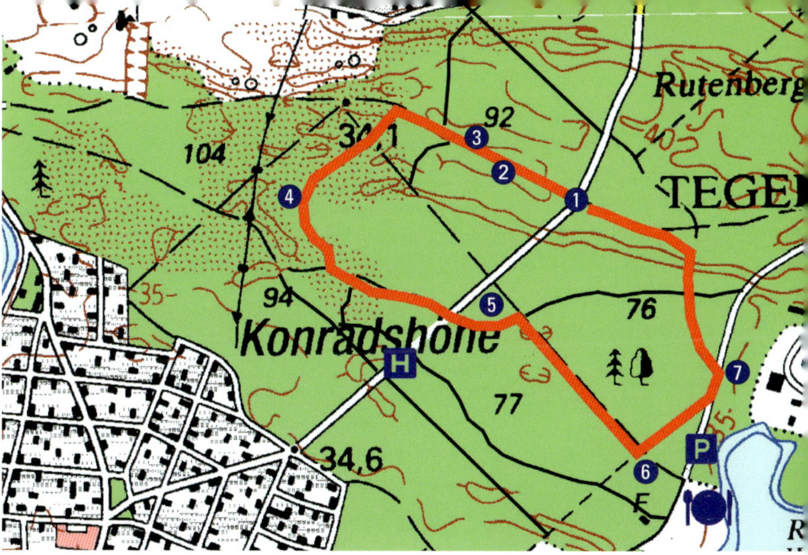

Baum des Jahres 2012

Die europäische Lärche (Larix decidua) nimmt in unseren Waldgebieten nur ca. 1 Prozent der Waldfläche ein. Sie ist eine alpine Baumart und kann auch noch in Höhenlagen über 2 000 Metern wachsen, womit sie in diesen Regionen eine wichtige Lawinenschutzfunktion übernimmt.

Eine Besonderheit ist, dass dieser Nadelbaum nach einer beeindruckenden Herbstfärbung die Nadeln abwirft und im Frühjahr neu austreibt. Diese Eigenschaft scheint sie durch ihren alpinen Standort angenommen zu haben, denn so kann sie auch Temperaturen bis zu -40 °C gut überstehen.

Diese bis zu 1 000 Jahre alt werdende Pionierbaumart ist sehr genügsam hinsichtlich ihres Nährstoffbedarfes.

Die Lärche ist eines der härtesten Nadelhölzer und wird wegen ihres hohen Harzgehaltes gern in der Holzverarbeitung im Außenbereich eingesetzt, weil das Holz nicht mehr imprägniert werden muss. Mit diesem Wissen betrachtet man die dort stehende ca. 43 Meter hohe „Burgsdorf-Lärche" sicher mit anderen Augen.

ein Hinweisschild zur **Saugstelle** ❹ steht. Diesem Hinweis immer folgen, bis man die Saugstelle an einer 3-Wege-Kreuzung erreicht.

Saugstelle

Saugstellen, auch Feuerlöschbrunnen genannt, sind oft dort in den Wäldern zu finden, wo es keine oberirdischen Gewässer gibt.
Die Feuerwehr kann dort Pumpen anschließen und das Grundwasser zum Löschen eventueller Waldbrände nutzen. Immer wieder kommt es zu Bränden durch unachtsames Rauchen oder Feuerstellen im Wald. Auch im Winter kommt es durchaus zu Waldbränden, da gerade zu dieser Jahreszeit das heruntergefallene vertrocknete Laub leicht Feuer fängt.

An der Saugstelle wird nach Südosten (links) abgebogen und ebenso auch an der nächsten Kreuzung. Auf diesem Weg wird wieder die Konradshöher Straße betreten. Nach dem aufmerksamen Überqueren lohnt sich ein kleiner Abstecher auf dem asphaltierten Fußweg in nordöstliche Richtung (links). Schon nach wenigen Metern sind auffällige Baumstämme zu sehen. In ca. 5 Metern Höhe ragen **ausgefranste Stämme** ❺ in den Himmel.

Nach dem kurzen Abstecher geht es wieder zurück zu der Stelle, an der die Konradshöher Straße

Windwurffläche

Ausgefranste Stämme

Diese Buchen mussten im Zuge der Verkehrssicherungspflicht gekürzt werden. Das Technische Hilfswerk (THW) suchte zu Übungszwecken nach Möglichkeiten, Sprengübungen durchzuführen. Dabei geht es ihnen um das präzise Planen und Durchführen von Sprengungen. Aus diesem Grund wurden in enger Zusammenarbeit mit dem THW diese Bäume gezielt in einer bestimmten Höhe gesprengt. Das THW konnte so Erkenntnisse sammeln (wie z. B. die richtige Dosierung der Sprengmittel, Sicherheitsabstände zum Objekt, wer wofür verantwortlich ist, usw.), die in einer Notfallsituation zur Rettung von Menschenleben von Bedeutung sein können. Durch das Sprengen der Bäume haben sich an den Bruchstellen ähnliche Strukturen gebildet wie dies z. B. bei Windbruch geschehen wäre. Das so entstandene Biotopholz kann schneller von Pilzen und anderen Lebewesen besiedelt werden. Bei dieser doch eher außergewöhnlichen Methode wurden die Belange des Naturschutzes optimal berücksichtigt.

Gesprengte Bäume

überquert wurde und man läuft wieder hinein in den Wald nach Südosten. An der nächsten Kreuzung wird nach Süden (rechts) abgegangen. Auf diesem Weg läuft man direkt auf die **Wildgehege am Schwarzen Weg** ❻ zu. Hier sollte man sich ein wenig Zeit nehmen, um Muffel-, Dam- und Schwarzwild in den Gehegen zu beobachten.

Der Spaziergang wird nach Nordosten (links) weiter geführt. Egal, ob man dem Waldweg oder der Straße nach Nordosten folgt, man geht bis zum niedrigen **Gedenkstein von Friedrich August Ludwig von Burgsdorf** (1747–1802) ❼.

Ein paar Schritte zurück führt ein weiterer Waldweg nach Norden (also nicht in Richtung Tegeler See) in den Wald, auf dem weitergegangen wird. Nach der Überquerung einer Kreuzung, an der ebenfalls gesprengte Bäume zu sehen sind, stößt man schon bald auf ein Waldgebiet, das als **Referenzfläche** (▸ Seite 65) ausgeschildert ist. Direkt am Schild wird nach Nordwesten (links) abgebogen und man folgt dem Weg zurück bis zur Konradshöher Straße. Dort schließt sich der Rundgang.

Wanderung

Start
Bus 671 (ab S-/U-Bhf. Rathaus Spandau) Haltestelle Steinerne Brücke,
werktags stündlich und am Wochenende alle 2,5 Stunden

Länge
9 km

Dauer
3 Stunden

Rückfahrt
Bus 130
Haltestelle Radelandstraße/Pflegeheim

Eiskeller

Ab in den Eiskeller

Die Wanderung braucht ein wenig Vorausplanung, da die Buslinie 671 gerade am Wochenende nur zweieinhalbstündlich zum Startpunkt fährt. Aber der Ausflug, der dann durch den Spandauer Eiskeller und entlang der Brandenburger Großen Kuhlake führt, ist die Planung wert.

Also vorher die aktuelle Verbindung prüfen, um Wartezeiten zu vermeiden. Die Wanderung beginnt ca. 100 Meter hinter der Berliner Stadtgrenze in **Schönwalde,** nordwestlich von Berlin. Dort an der sogenannten **Steinernen Brücke** findet man gleich zu Anfang eine kurze geschichtliche Erläuterung. Die Steinerne Brücke konnte zu Zeiten der deutschen Teilung nicht als Übergang zwischen Ost und West genutzt werden. Erst am 7. Mai 1994 wurde die Verbindung zwischen Berlin und Schönwalde wieder geöffnet.

Die unscheinbare Steinerne Brücke wird passiert und es geht zunächst zurück nach Berlin. Auf der **Schönwalder Allee** läuft man geradeaus in Richtung Südosten bis zum nächsten großen Waldweg, der nach Nordosten (links) abgeht. Auf diesem Weg verläuft auch der ausgeschilderte **Berliner Mauerweg,** auf dem man während dieser Tour noch öfters wandern wird. Der asphaltierte Weg führt schon bald an den ersten **Aussichtspunkt am Laßzinssee** ❶. Hier hat man einen guten Blick über die Laßzinswiesen und den gleichnamigen See. Der Baggersee, der als Naturschutzgebiet ausgewiesen ist, wird am Nordufer umrundet, bis der **zweite Aussichtspunkt mit Plattform** erreicht wird. Von dort führt der Weg nach Osten (links), weg vom See.

Am Ende des Zaunes zweigt wieder ein Weg über eine Wiese nach Südwesten (rechts) ab, auf dem man zurück zur Schönwalder Allee spaziert. Nach der Überquerung der Allee geht die Route schnurgerade durch den Wald. Man kreuzt die beiden Verbindungsgräben zwischen dem **Nieder Neuendorfer Kanal** und den Feuchtgebieten rund um die **Kuh-**

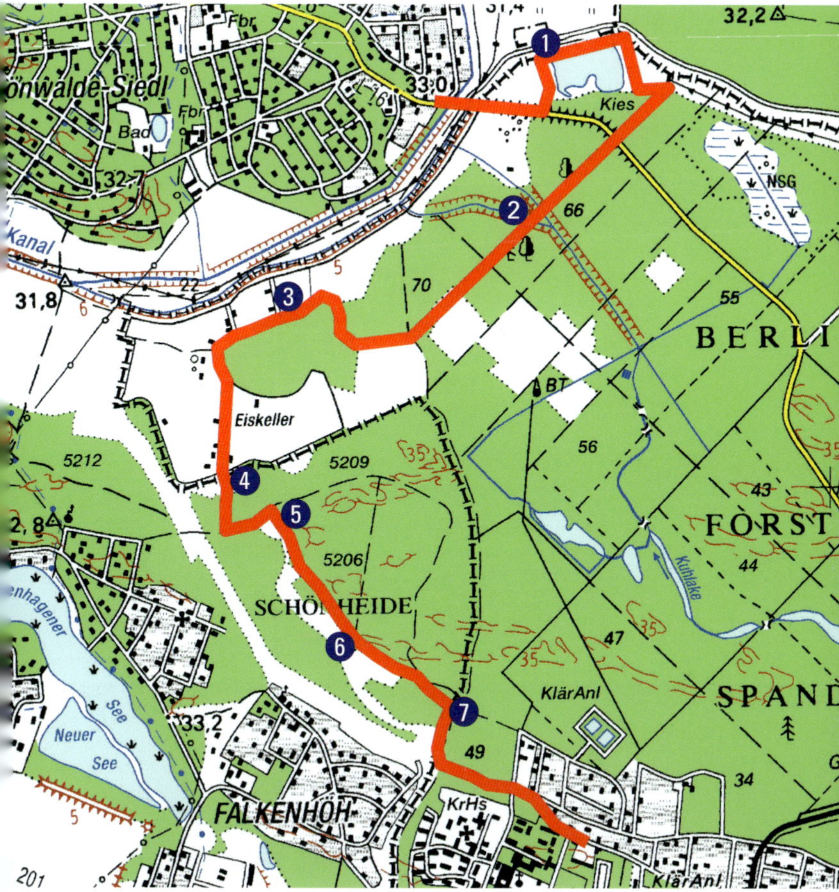

lake ❷. Der Weg endet wieder auf dem asphaltierten Berliner Mauerweg, dem weiter nach Nordwesten (rechts) gefolgt wird. Man erreicht bald die geschichtsträchtige Zufahrtsstraße in den Eiskeller (Eiskellerweg). Dort befinden sich kleine Tafeln, die über den **Eiskeller** informieren ❸.

Auf der Straße wird das Waldstück **Großer Kienhorst** in Richtung Westen (weiter geradeaus) umrundet. An einer Abzweigung, an der geradeaus nur noch eine ausgeschilderte Sackgasse liegt, wendet man sich gen Süden (rechts) und überquert die Freiflächen der großen **Teufelsbruchwie-**

Eiskeller

Der Eiskeller war eine Westberliner Enklave auf DDR-Gebiet. So kann man zum Beispiel die interessante Geschichte eines Schulschwänzers von 1961 lesen, der es ungewollt fertigbrachte, militärischen Geleitschutz auf seinem Schulweg zu erhalten.
Der Name Eiskeller hat mit den Temperaturen im Gebiet zu tun. Das heute 51,6 Hektar große Landschaftsschutzgebiet hat in den Wintermonaten nämlich bis zu 10 Grad niedrigere Temperaturen als das übrige Berliner Stadtgebiet. Diese natürliche Begebenheit wurde früher für die Eislagerung genutzt. Das Eis wurde aus dem benachbarten Falkenhagener See geschlagen und nach der Zwischenlagerung im Eiskeller größtenteils an Brauereien und Krankenhäuser weiterverkauft.

sen. Es geht an schönen Pferdekoppeln vorbei, die zum dort ansässigen Reiterhof gehören, bis man an eine **Wegkreuzung** kommt, an der vier befestigte Wege abgehen ❹. An dieser Stelle wird der befestigte Weg verlassen und es geht geradeaus weiter,

Pferdekoppeln im Eiskeller

vorbei an einer **überdachten Sitzgelegenheit,** in Richtung Süden. Der schmale Weg kreuzt den früheren Grenzstreifen und führt nun im Land Brandenburg bis zur nächsten großen Waldkreuzung. An dieser Kreuzung geht man nach Osten (links) und schon nach wenigen Metern wird eine **grün-weiße Schranke** passiert. Dort betritt man das brandenburgische Feuchtgebiet **Große Kuhlake** 5.

Zweiter Aussichtspunkt am Laßzinssee

Bereits an der nächsten Abzweigung nach Süden (ganz rechts) wird dieser gefolgt und man wandert nun am Rande des Feuchtgebietes entlang. Die Waldstrukturen unterscheiden sich jedoch nicht deutlich vom restlichen Waldgebiet. Linker Hand befindet sich ein Zaun. An diesem geht es entlang, bis man eine **Dreieckskreuzung** erreicht, an der ein Weg nach Nordosten (links) abgeht 6. Die Wanderung führt an dieser Stelle jedoch weiter in Richtung Süden.

Im weiteren Verlauf schwenkt der Weg nach Südosten (links) und man kommt an eine Weggabelung, an der dem (rechten) Weg nah Süden gefolgt wird. Bald stößt man wieder auf den **Berliner Mauerweg,** der durch seine Asphaltierung gut zu erkennen ist 7. Ein Stück geht es nun nach Süden (rechts), bis in einem kleinen Wegbogen ein breiter, gerader Waldweg nach Osten (links) abgeht. Diesem Weg nun bis zur **Radelandstraße** folgen. Hier endet die Wanderung.

Um wieder zurück nach Hause zu kommen, geht man auf der Radelandstraße bis zur Einmündung der Stadtrandstraße. Unterwegs nicht dem halb links abgehenden Niederheideweg folgen! Kurz nach der Einmündung der Stadtrandstraße befindet sich geradeaus weiter auf der Radelandstraße die Bushaltestelle der Linie 130, die verschiedene S- und U-Bahnhöfe anfährt.

TOUR 41

Wanderung

Start/Rückfahrt
Bus 125 Haltestelle
Schulzendorfer Straße

Länge
ca. 4,6 km

Dauer
ca. 2 Stunden

Kombinierbar mit
Revier Hermsdorf
▸ Seite 166

Ehrenpfortenberg

Die höchste Erhebung Reinickendorfs

Mit 69 Metern ist der Ehrenpfortenberg der höchste natürliche Berg Reinickendorfs.

Wie der Name entstand, lässt sich aus heutiger Sicht nicht mehr eindeutig sagen. Eine Variante sagt aus, dass die Kurfürsten durch die Ehrenpforte in den Hermsdorfer Wald (heutiger Tegeler Forst) ritten. Die eiszeitliche Erhebung wurde bereits im 18. Jahrhundert vom Alten Fritz erklommen. Dieser Ausflugstipp folgt seinen Spuren.

Auf der Schulzendorfer Straße läuft man von der Bushaltestelle in westliche Richtung. Über die Straßen „Am Waldidyll" und „Ehrenpfortensteig" erreicht man bald die **Revierförsterei Hermsdorf**, wo in Volieren Stock- und Mandarinenten sowie Kolkraben und Fasane zu bewundern sind. Wer auf dieser Wanderung unbedingt Wildtieren begegnen und nicht auf den Zufall bauen möchte, eines der etwa 200 freilebenden Wildschweine oder der über 50 freilebenden Rehe in diesem Revier zu sehen, der kann nach weiteren 50 Metern in den großzügig angelegten Wildgehegen ❶ **Rotwild, Damwild und Schwarzwild** aus nächster Nähe beobachten. Es sollte unbedingt darauf geachtet werden, dass die Tiere nicht gefüttert werden – falsche Fütterung kann bei Wildtieren schwere Erkrankungen hervorrufen.

Die eigentliche Wanderung beginnt hinter dem kleinen Parkplatz an einer fünfarmigen Wegekreuzung ❷. Die Strecke verläuft auf dem Weg, der direkt auf eine kleine Anhöhe führt. Dieser Weg ist mit einem roten Eichhörnchen auf weißem Grund beschildert. Nach dem Überwinden der Anhöhe kreuzt erneut ein Weg mit dem Symbol einer roten Eichel auf weißem Grund. An der Kreuzung ❸ geht die Tour weiter nach rechts in nordwestliche Richtung. Die Wegbeschilderung wechselt nach einigen hundert Metern wieder auf das rote Eichhörnchen. Diesem folgt man in einer Linkskurve hinauf auf den Ehrenpfortenberg.

Wegweiser zum Ehrenpfortenberg

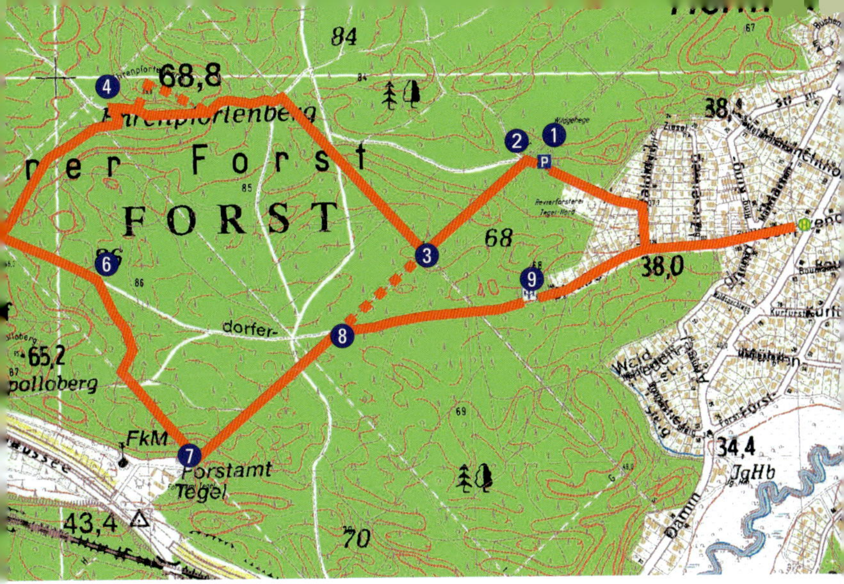

Kurz nach Überschreitung der höchsten Stelle des Weges zweigt ein kleiner Pfad nach rechts ab auf den Gipfel des **Ehrenpfortenberges**. Nach Erreichen und eventuellem Verweilen auf der Anhöhe führt im 90°-Winkel ein Pfad in südlicher Richtung zurück auf den unterhalb liegenden „Eichhörnchenweg". Diesem folgt man nach Westen (rechts) bis zur nächsten Wegkreuzung. An dieser Kreuzung ❹ weist ein beschrifteter Stein den Weg in Richtung „Forstamt Tegel". Folgt man diesem Hinweis, befindet man sich auf dem richtigen Weg. Dieser Kammweg führt nach einigen hundert Metern hinab (bitte nicht abzweigen) und endet auf einem Weg, an dem ein **Schutzpilz** ❺ mit Sitzgruppe steht. Auch hier kann eine Pause eingelegt werden, bei der auf den erfolgreichen Auf- und Abstieg des 69 Meter hohen Ehrenpfortenberges angestoßen werden kann. Vorausgesetzt, der Proviant ist noch nicht aufgebraucht.

Würde man diesem Weg mit der Markierung „grünes Eichenblatt" nach Westen (rechts) folgen, würde der müde Wanderer die Ruppiner Chaussee und damit den Bus 124 erreichen. Alle anderen gehen auf diesem Weg in Richtung Osten (links). Nach einiger Zeit erreicht man eine Weggabelung, an der der Wanderweg (grünes Eichblatt) nach rechts abzweigt ❻. Bitte diesem weiterhin folgen. Quer durch

Junges Schwarzwild im Wildgehege

den Wald nach einer Rechtskurve erscheint wieder eine Wegkreuzung, an der die Tour nach links abknickt. Der Weg endet auf einem breiten Verbindungsweg ❼, auf dem es entweder nach rechts zum Forstamt Tegel geht oder nach links schnurgerade in Richtung Nordosten. Diesem Weg nach links folgt der weitere Verlauf. An der nächsten Kreuzung befindet sich ein weiterer Schutzpilz. An dieser Kreuzung bitte weiter geradeaus laufen, bis die nächste Weggabelung ❽ erreicht wird. Hier zweigt ein Weg nach rechts ab. Jene Wanderer, die mit öffentlichen Verkehrsmitteln angereist sind, gehen diesen Weg.

Diejenigen, die mit dem Fahrzeug bis zum Parkplatz am Wildgehege gefahren sind, müssen an dieser Verzweigung geradeaus weiterlaufen. Der Weg endet direkt am kleinen Parkplatz, an dem die Waldtour begonnen hat.

Auf dem abzweigenden Weg erscheint nach einigen Minuten auf der linken Seite ein großer **Waldspielplatz** ❾. Dieser Waldweg geht später im Stadtgebiet in die Schulzendorfer Straße über. Folgt man dem Straßenverlauf, werden schon bald wieder vertraute Straßenkreuzungen erscheinen. Auf der Schulzendorfer Straße erreicht man wieder die Bushaltestelle auf dem Hermsdorfer Damm, an der auch die Wanderung begann.

Stolper Heide

Die Heide im Wald

Die Wanderung führt von Hennigsdorf nach Frohnau durch die Stolper Heide. Dass Heidelandschaft nicht immer so aussieht, wie man es sich vorstellt, erfährt man auf diesem Ausflug.

Reist man mit den öffentlichen Verkehrsmitteln an, so wird der Bahnsteig in Hennigsdorf nach Süden verlassen. Die Wanderung beginnt in Richtung Osten (links). Direkt vorbei am **Rathaus** geht es über eine kleine Zubringerstraße bis zur Hauptstraße. Auf der Hauptstraße läuft man ein kurzes Stück nach Nordosten (links), um gleich wieder nach Osten (rechts) in die Ruppiner Straße einzubiegen. Man überquert den Oder-Havel-Kanal und erreicht einen großen Kreisverkehr. Auf der anderen Seite des Kreisverkehres führt ein Weg in den Wald. Der Weg ist als **Rundweg Stolper Heide** markiert, und es geht schnurgerade hinein in die **Stolper Heide** ❶.

Der Wegmarkierung folgend, erreicht man einen befestigten Waldweg, auf dem nach wenigen Metern eine Kreuzung überquert wird. Weiter dem Rundweg Stolper Heide folgen. An der nächsten Kreuzung mit Markierung verlässt man den Rundweg und biegt nach Süden (rechts) ab. Geradeaus würde der Weg direkt zur Autobahn führen. Nach Süden gelangt man zur kleinen Siedlung **Stolpe-Süd.**

Stolper Heide

Wer nun denkt, eine freie Heidelandschaft vor sich zu haben, irrt. Hier handelt es sich um ein dichtes Waldgebiet, das eingebettet zwischen Hennigsdorf, Hohen Neuendorf, Berlin-Frohnau und Berlin-Heiligensee liegt. Das gesamte Waldgebiet ist ein Landschaftsschutzgebiet und befindet sich in Brandenburg, gehört jedoch zu den Berliner Forsten. Unter dem Begriff Heide versteht man oft Landschaften, die einen nährstoffarmen und sauren Boden haben und deshalb meist kieferndominierte Wälder aufweisen.

Wanderung

Start
S-Bhf. Hennigsdorf

Länge
9 km

Dauer
3 Stunden

Rückfahrt
S-Bhf. Frohnau

Kombinierbar mit
Revier Hermsdorf
▸ Seite 166

Karte ▸ Seite 187

Der Weg entlang am Siedlungsrand erreicht bald den **Berliner Mauerweg** ❷. Auf ihm geht es nach Osten (links) über die Autobahn A 111. Nach der Brücke geht es weiter auf dem Mauerweg und bald wird der befestigte Weg nach Nordosten (links) verlassen. Vorbei an einer Sitzgruppe biegt man nach wenigen Metern gleich nach Osten (rechts) ab und läuft in Richtung Frohnau.

An der nächsten **Kreuzung** ❸ wird links abgebogen und danach geht es geradewegs nach Norden. Nach ca. 1 Kilometer verläuft der Weg in einer Linkskurve nach Westen, aber in der Kurve zweigt ein Weg nach Osten (rechts) ab. Auf diesem läuft man weiter Richtung Osten. Nach wenigen Metern wandert man parallel zum Zaun des **Golfplatzes** Stolper Heide.

Auf dem Weg zwischen Golfplatz und Wald geht es bis zum asphaltierten **Berliner Mauerweg** ❹. Auf dem Mauerweg geht es nach Süden (rechts) weiter. Auf der linken Seite erscheint die Stadtgrenze von **Berlin-Frohnau.** Dieser Stadtteil Berlins wurde erst

Kleine Kirche in Stolpe-Süd

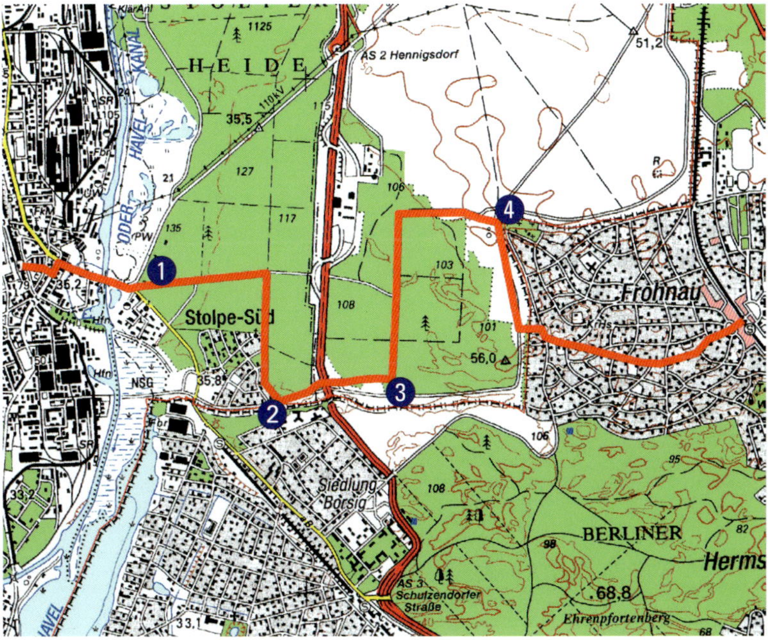

1910 im Zuge der Gartenstadt-Bewegung angelegt. Ziel war, jedem Bewohner den Zugang zur Natur im eigenen Garten zu gewähren. Der Landschaftsarchitekt Ludwig Lesser entwarf nach britischen Vorbildern ein Gesamtkonzept für die Siedlungsanlage, die rund um den S-Bahnhof angelegt wurde. Auch heute noch ist Frohnau ein sehr ruhiger und grüner Teil der Großstadt, wie man im letzten Abschnitt der Wanderung erleben kann.

Der Mauerweg wird dazu an dem hohen **Sendemast** verlassen, der schon von Weitem ins Auge fällt. An dem Mast wendet man sich nach Osten (links) auf den Lichtungsweg. Dieser kurze Weg endet auf der Straße Am Eichenhain. Wieder ein kurzes Stück nach Süden (rechts) und schon geht nach Osten (links) der **Sigismundkorso** ab.

Ab dort ist das Verlaufen eigentlich unmöglich, denn über den Sigismundkorso erreicht man den Ludolfinger Platz, an dessen östlichem Rand der S-Bahnhof Frohnau zu sehen ist. Dort kann die Wanderung beendet oder erweitert werden.

Liebe Leserinnen und Leser,

alle Angaben in diesem Ausflugsführer sind gewissenhaft geprüft. Trotz gründlicher Recherche unserer Autorinnen und Autoren können sich manchmal Fehler einschleichen. Wir bitten um Verständnis, dass der Verlag dafür keine Haftung übernehmen kann. Über Hinweise, Berichtigungen und Ergänzungsvorschläge freuen wir uns jederzeit.

via reise verlag
Lehderstraße 16–19
13086 Berlin
post@viareise.de
www.viareise.de

2. komplett überarbeitete Auflage,
Berlin 2020

ISBN 978-3-945983-88-1

Text & Recherche
Thorsten Wiehle (Berliner Forsten)

Redaktion
Janna Menke

Kartografie
Senatsverwaltung für Stadtentwicklung Berlin

Herstellung & Gestaltung
Tanja Onken, Annelie Krupicka, Katharina Arlt

Umschlagkarte vorn
Carlos Borrell

Druck
Ruksaldruck, Berlin

MIX
Papier aus verantwortungsvollen Quellen
FSC® C104247

Fotos
Thorsten Wiehle (Berliner Forsten), außer: David Ulrich (S. 5), Klaus Scheddel (S. 68), Janna Menke (S. 168)
Umschlagfotos vorn
Ufer des Seddinsees, Damwildgehege bei Borgsdorf
Klappe vorn
Wegweiser nach Lanke
Umschlagfotos hinten
Dreihügelweg bei Schönwalde, Wanderweg Bucher Straße
Seite 1
Eiche im Revier Wandlitz

Wir danken für die freundliche Unterstützung:

Berliner Verkehrsbetriebe (BVG) für die Genehmigung zum Abdruck des Netzplans.

Besonders herzlich bedanken möchten wir uns bei Herrn Jürgen Klussmann, der viele Touren aus diesem Buch nachwanderte und uns wertvolle Anregungen und Ergänzungen zukommen ließ. Herzlichen Dank auch allen anderen Wanderinnen und Wanderern, die uns nützliche Hinweise gegeben haben.

Berlin

S
U
Bahn
Wittenberge RE6 RB55 Kremmen
Vehlefanz
Bärenklau
Velten (Mark)
RB55 S25 Hennigsdorf
Heiligense
Schulze
U6
RE6·RB20
Tegel TX
X9 109
Nauen
RB10
RB14
Brieselang
RE2
Wismar
Finkenkrug
Falkensee
Seegefeld
RE2·RE6·RB10·RB14
RB20
Albrechtshof
Zitadelle
Haselhorst
Paulsternstr.
Rohrdamm
Siemens-damm
Halemweg
Altstadt Spandau
Jakob-Kaiser-Platz
S42 S41
Rathenow
RE4
Wuster-mark
RB13
RB21
Elstal
Dallgow-Döberitz
RE4·RB13
Staaken
Rathaus Spandau U7
Spandau
S3 S9
RE2·RE4·RE6·RB10·RB13·RB14
RE4·RE6·RB10·RB13
Stresow
Ruhleben
U2
RE2·RB14
Westend
S46
Pichelsberg
Olympia-Stadion
Neu-Westend
Sophie-Charlotte
Olympiastadion
Kaiserdamm
Theodor-Heuss-Platz
Messe Nord ICC
Heerstr.
Messe ZOB
Messe Süd
Wilmersdorf
Priort
Westkreuz
S5
Charlottenburg
Halensee
Grunewald
RE1·RE7·RB21·RB22
Konstanzer
Hohenzollerndamm
S41 S42
Heidelberger Platz
Rüdesheimer Platz
Breitenbachplatz
Podbielskiallee
Marquardt
Dahlem-Dorf
Freie Universität
Thielplatz
Oskar-Helene-Heim
Onkel Toms Hütte
Schlachtensee
Krumme Lanke
U3
Mexikoplatz
Golm
Nikolassee
Lichterfelde
RB33 S1 Wannsee
Zehlendorf
Sundgauer
Branden-burg
RE1
Magde-burg
RE1
RB20·RB21·RB22
Park Sans-souci
Char-lotten-hof
Babelsberg
Griebnitz-see
RE1·RE7·RB21 RB22·RB33
Werder (Havel)
Potsdam Hbf
S7 RB20 RB21 RB22 RB23
Medienstadt Babelsberg
Pirschheide
Rehbrücke
RB22
Caputh-Geltow
Wilhelmshorst
RB22
Caputh Schwielowsee
RB23
Michendorf RB23
Saarmund
Ludwigsfelde Struveshof
Ferch-Lienewitz
Seddin
Dessau RE7
RB33 Jüterbog